Bibliothèque nationale de France

Direction des collections

Département Littérature et Art

Bibliothèque nationale de France – Paris

Direction des Collections

A l'exception des reproductions effectuées pour l'usage privé du copiste, les œuvres protégées par le code de la propriété intellectuelle ne peuvent être reproduites sans autorisation de l'auteur ou de ses ayants droit.

Dans l'intérêt de la recherche les utilisateurs de la présente microforme sont priés de signaler au département de la Bibliothèque nationale de France qu'ils entreprendraient et publieraient à l'aide de ce document.

LES OEVVRES DIVERSES

DE Mr DE CYRANO BERGERAC.

A PARIS.
Chez CHARLES DE SERCY, au Palais, en
la Salle Dauphine, à la Bonne Foy Couronnée.

M. DC. LIV.
AVEC PRIVILEGE DV ROY.

A MONSEIGNEVR
LE
DVC D'ARPAION.

ONSEIGNEVR,

 Ce Liure ne contient presque qu'vn recueil confus des premiers caprices, ou pour mieux dire des premieres folies de ma ieunesse ; I'ad-uouë mesme que i'ay quelque honte de l'aduoüer dans vn âge plus aduancé ; Et cependant,

ã ij

EPISTRE.

MONSEIGNEVR, ie ne laisse pas de vous le dédier auec tous ses deffauts, & de vous supplier de trouuer bon qu'il voye le monde sous vostre glorieuse protection. Que direz-vous, MONSEIGNEVR, d'vn procedé si estrange. Vous croirez, peut-estre, que c'est manquer de respect pour vous, que de vous offrir vne chose que ie méprise moy-mesme, & de mettre vostre nom illustre à la teste d'vn ouurage, où i'ay bien de la repugnance de voir le mien. I'espere neantmoins, MONSEIGNEVR, que mon respect & mon zele vous seront trop connus pour attribuer la liberté que ie prends à vne cause qui me seroit si desauantageuse. Il y a prés d'vn an que ie me donnay à vous ; & depuis cét heureux moment, tenant pour perdu tout le temps de ma vie, que i'ay passé ailleurs qu'à vostre seruice, & ne me contentant pas de vous auoir déuoüé tout ce qui m'en reste ; i'ay tasché de reparer cette perte, en vous en consacrant encore les Commencements ; Et parce que le passé ne se peut rappeller pour vous estre offert, vous presenter au moins tout ce qui m'en demeure, & faire en sorte par ce moyen, que n'ayant pas eu l'honneur d'estre à vous toute ma vie ; Toute

EPISTRE.

ma vie ne laisse pas en quelque façon d'auoir esté pour vous. D'ailleurs, MONSEIGNEVR, vous sçauez que de toutes les offrandes qui se presentoient à Dieu dans l'ancienne Loy, il n'en auoit point de si agreables que celles qui se faisoient des premiers fruits, quoy qu'ils ne soient point ordinairement les meilleurs; Et s'il est permis d'adjoûter vne chose prophane, ensuitte d'vne si sainte, vous n'ignorez pas non plus que les Atheniens ne pensoient pas pouuoir faire de present plus agreable à Apollon, qu'en enuoyant leur premiere cheuelure à son Temple de Delphes, & luy presentant ces premieres productions de leur cerueau. C'est ce qui me fait esperer, MONSEIGNEVR, que vous ne refuserez pas l'offrande que ie vous fais de ces Ouurages, & que vous ne trouuerez pas mauuais que ie me die, aussi bien au commencement de ces Lettres, qu'au commencement de l'*Agrippine*,

MONSEIGNEVR,

> Vostre tres-humble, tres-
> obeïssant, & tres-
> obligé seruiteur,
> DE CYRANO BERGERAC.

A MADAMOISELLE D'ARPAION.

SONNET.

LE vol est trop hardi, que mon cœur se propose,
Il veut peindre vn Soleil par les Dieux animé;
Vn visage qu'Amour de ses mains a formé,
Où des fleurs du Printẽps la ieunesse est esclose.

Vne bouche où respire vne haleine de rose,
Entre deux arcs flambans d'vn corail allumé,
Vn balustre de dents en perles transformé,
Au deuant d'vn pallais où la langue repose;

Vn front où la pudeur tient son chaste seiour,
Dont la Table polie est le trosne du iour,
Vn chef-d'œuure où s'est peint l'ouurier admirable :

Superbe tu pretends par dessus tes efforts,
L'esclat de ce visage est l'esclat adorable,
De son ame qui luit au trauers de son corps.

TABLE
DES LETTRES
Contenuës en ce Volume.

CONTRE l'Hyuer, Lettre I.
Autre, Pour le Printemps, Lettre II.
Autre, Pour l'Esté, Lettre III.
Autre, Contre l'Authonne, Lettre IV.
Autre, Sur la description de l'Aqueduc, ou la Fontaine d'Arcueil, Lettre V.
Autre, Sur le mesme sujet, Lettre VI.
Autre, Sur des Ombres, Lettre VII.
Autre, Sur vn Cyprés, Lettre VIII.
Autre, Sur vne description d'vne Tempeste, Lettre IX.
Autre, Pour vne Dame Rousse, Lettre X.
Autre, d'vne maison de Campagne, Lettre XI.
Autre, Pour les Sorciers, Lettre XII.
Autre, Contre les Sorciers, Lettre XIII.
Autre, Sur le Triomphe des Dames, Lettre XIV.
Autre, Sur vn Duëliste, Lettre XV.
Autre, Sur vn Recouurement de Santé, Lettre XVI.

Lettres Satyriques.

CONTRE vn Poltron, Lettre I.
Autre, Contre vn médisant, Lettre II.
Autre, A Madamoiselle de ****, Lettre III.
Autre, Lettre IV
Autre, Contre Soucidas, Lettre V.
Autre, A Monsieur de V****, Lettre VI.
Autre, Sur vne Consolation, Lettre VII.

TABLE.

Autre, Contre vn Pilleur de Penſée, Lettre VII.
Autre, Sur le meſme ſujet, Lettre VII.
Autre, Contre vn gros homme, Lettre IX.
Autre, Contre Scarron, Lettre X.
Autre, A Meſſire Iean, Lettre XI.
Autre, Contre vn Pedant, Lettre XI.
Autre, Contre le Careſme, Lettre XIII.
Autre, A Monſieur le Cocq, Lettre XIX.
Autre, A vn Comte de Baſſe-Aloy, Lettre XV.
Autre, A vn Liſeur de Roman, Lettre XVI.
Autre, Contre les Medecins, Lettre XVII.
Autre, Contre vn Faux Braue, Lettre XVIII.

Autre ſur diuers Sujets.

D'Vn Songe, Lettre XIX.
Autre, Contre les Frondeurs, Lettre XX.
Autre, De Theſée à Hercule, Lettre XXI.
Autre, Sur vne Eguime, Lettre XXII.

Lettres Amoureuſes.

A Madame de ****, Lettre I.
Autre, Lettre II.
Autre, Lettre III.
Autre, Lettre IV.
Autre, Lettre V.
Autre, Lettre VI.
Autre, Lettre VII.
Autre, Lettre VIII.
Le Pedant Ioüé, Comedie en Proſe.

FIN.

LETTRES
DE MONSIEVR
DE BERGERAC.

A MONSIEVR LE BRET
Aduocat au Conseil.

CONTRE L'HYVER.
LETTRE I.

ONSIEVR,

C'est à ce coup que l'Hyuer a noüé l'éguil-
lette à la Terre; il a rendu la matiere impuis-

A ij

santé; & l'esprit mesme, pour estre incorporel, n'est pas en seureté contre sa tyrannie; mon ame a tellement reculé sur elle-mesme, qu'en quelqu'endroit aujourd'huy que ie me touche, il s'en faut plus de quatre doigts que ie n'ateigne où ie suis; Ie me tâte sans me sentir, & le fer auroit ouuert cent portes à ma vie, auparauant de fraper à celle de la douleur: Enfin nous voylà presque paralytiques, & cependant pour creuser sur nous vne playe dans vne blessure, Dieu n'a creé qu'vn baûme à nostre mal, encore le Medecin qui le porte ne sçauroit arriuer chez nous qu'apres auoir délogé de six maisons; Ce paresseux est le Soleil, vous voyez comme il marche à petites iournées; il se met en chemin à huict heures, prend giste à quatre. Ie croy qu'à mon exemple il trouue qu'il fait trop froid pour se leuer si matin: mais Dieu veüille que ce soit seulement la paresse qui le retienne, & non pas le dépit: car il me semble que depuis plusieurs mois il nous regarde de trauers. Pour moy, ie n'en puis deuiner la cause, si ce n'est qu'ayant veu la terre endurcie par la gelée, il n'ose plus monter si haut de peur de blesser ses rayons en les precipitant. Ainsi nous ne sommes pas prefts de nous vanger des outrages que la faifon nous fait; il ne fert quafi rien au feu de s'échaufer contr'elle, fa rage n'aboutit (apres auoir bien petillé) qu'à le contraindre à fe deuorer foy-mefme plus vîte. Nous auons beau prendre le bouclier, l'Hyuer eft vne mort de fix mois refpanduë fur tout vn cofté de cette boule, que nous ne fçaurions éuiter ; c'eft vne courte vieilleffe des chofes animées; c'eft vn eftre qui n'a point d'action, & qui cependant (tous braues que nons foyons) ne nous approche iamais fans nous faire trembler, noftre corps poreux, delicat, étendu, fe ramaffe, s'endurcit, & s'empreffe à fermer fes auenuës, à baricader vn million d'inuifibles portes, à les couurir de petites montagnes, il fe meut, s'agite, fe debat, & dit pour excufe en rougiffant, que ces fremiffemens font des forties, qu'il fait à deffein de repouffer l'ennemy qui gaigne fes dehors. Enfin ce n'eft pas merueille que nous fubiffions le deftin de tous les viuans; mais le barbare ne s'eft pas contenté d'auoir ofté la langue à nos oyfeaux, d'auoir deshabillé nos arbres, d'auoir coupé les cheueux à Ceres, & d'auoir mis noftre grande Mere toute nuë, afin que nous ne pussions nous sauuer par eau dans vn climat plus doux ; Il les a renfermées sous des murailles de diamant ; & de peur mesme que les riuieres n'excitassent par leur mouuement quelque chaleur qui nous pût soulager, Il les a cloüées contre leur lict. Mais il fait encore bien pis : car pour nous effrayer, par l'image mesme des prodiges qu'il inuente à nostre destruction, il nous fait prendre la glace, pour vne lumiere endurcie, vn iour petrifié, vn solide neant, ou quelque monstre épouuentable dont le corps n'est qu'vn œil. La Seine au commencement effrayée des larmes du Ciel, s'en troubla, & apprehendant vne suite plus funeste à la fortune de ses habitans ; elle s'est roidie contre le poids qui l'entraisne, s'est suspenduë & s'est liée elle-mesme pour s'arrester, afin d'estre toûjours presente aux besoins que nous pourrions auoir d'elle. Les hommes épouuentez à leur tour des prodiges de cette effroyable saison, en tirent des presages proportionnez à leur crainte ; s'il neige, ils s'imaginent que c'est peut-estre au Firmament le chemin de laict qui se dissout ; que cette perte fait de rage écumer le Ciel, & que la terre tremblant

CONTRE L'HYVER. 7

pour ſes enfans, en blanchit de frayeur. Ils ſe figurent encore que l'Vniuers eſt vne tarte que l'Hyuer ce grand monſtre ſucre pour l'aualer; que peut-eſtre la neige eſt l'écume des plantes qui meurent enragées, & que les vents qui ſouflent tant de froid, ſont les derniers ſouſpirs de la Nature agoniſante. Moymeſme qui n'explique guere les choſes qu'en ma faueur, & qui dans vne autre ſaiſon me ſerois perſuadé que la neige eſt le laict vegetatif que les Aſtres font teter aux plantes, ou les miettes qui tombent apres graces de la table des Dieux, me laiſſant emporter au torrent de l'exemple, s'il greſle, ie m'écrie, Quels maux nous ſont reſeruez? puis que le Ciel innocent eſt reduit à piſſer la grauelle. Si ie veux definir ces vents glacez, tellement ſolides qu'ils renuerſent des tours, & tellement déliez qu'on ne les void point, ie ne ſçaurois ſoupçonner ce que c'eſt, ſinon vne broüine de diables échapez, qui s'eſtans morfondus ſous terre, courent ici pour s'échaufer; tout cequi me repreſente l'Hyuer me fait peur; ie ne ſçaurois ſuporter vn miroir à cauſe de ſa glace; ie fuys les petits Medecins, parce qu'on les nomme des Medecins de neige, & ie puis conuaincre le froid de quantité de meurtres, sur ce que dans toutes les maisons de Paris on rencontre fort peu de gelée qu'on n'y trouue vn malade auprés. En verité, Monsieur, ie ne pense pas que la S. Iean me guarisse entierement des maux de Noël, quand ie songe qu'il me faudra voir encore aux fenestres de grandes vitres qui ne seront autre chose que des tapisseries de glaçons endurcis au feu : Oüy, cét impitoyable m'a mis en si mauuaise humeur, que le hale du mois d'Aoust ne me purgera peut-estre pas du flegme de Ianuier; la moindre chaleur me fera dire que l'Hyuer est le frisson de la Nature, & que l'Esté en est la fiévre : car iugez si ie me plains à tort, & si les morfondus, malgré l'humeur liberale de cette saison qui leur donne autant de perles que de roupies ne me prendront pas pour vn Hercule, qui poursuit ce monstre leur ennemy? Quelles rigueurs n'exerce-t'il point en tous lieux? Là sous le robinet d'vne fontaine, le gelé porteur d'eau contraint son cœur en souflant de rendre à ses mains la vie qu'il leur a dérobée? Là contre le pavé le soulier du marcheur fait plus de bruit qu'à l'ordinaire, parce

CONTRE L'HYVER.

ce qu'il a des cloches aux pieds? Là l'Escolier fripon, vne plote de neige entre les doigts, attend au passage son compagnon pour luy noyer le visage dans vn morceau de riuiere; enfin, de quelque costé que ie me tourne, la gelée est si grande, que tout se prend iusques aux manteaux; A dix heures du soir, le filou morfondu sous vn auvāt grelote, & se cōsole lors qu'il regarde le premier passant comme vn tailleur qui luy apporte son habit. Lors qu'il prendra fantaisie à l'Hyuer, ce vieil endurci d'aller à confesse, voyla, Monsieur, l'examen de sa conscience à vn peché prest: car c'est vn cas reserué dont il n'aura iamais l'absolution, vous mesme iugez s'il est pardonnable, il me vient d'engourdir les doigts, afin de vous persuader que ie suis vn froid Amy, puis que ie tremble quand il est question de me dire,

MONSIEVR,

Vostre seruiteur.

POVR LE

※※※※※※※※

AV MESME.
POVR LE PRINTEMPS.
LETTRE II.

MONSIEVR,

Ne pleurez plus, le beau temps est reuenu, le Soleil s'est reconcilié auec les hommes, & sa chaleur a fait trouuer des iambes à l'Hyuer tout engourdy qu'il fut; il ne luy a presté de mouuement que ce qu'il en faloit pour fuyr, & cependant ces longues nuicts qui sembloient ne faire qu'vn pas en vne heure (à cause que pour estre dans l'obscurité, elles n'osoient courir à tâtons) sont aussi loin de nous que la premiere qui fit dormir Adam; l'air n'agueres si condensé par la gelée que les oyseaux n'y trouuoient point de place, semble n'estre auiourd'huy qu'vn grand espace imaginaire où ces musiciens, à peine soustenus de nostre pensée, paroissent au Ciel de petits mondes balancés par leur propre centre; le Serain n'enrheumoit pas au pays d'où ils viennent: car ils font ici beau bruict: ô Dieux quel tintamarre ! sans doute ils sont en procez pour le partage des terres dont l'Hyuer par sa mort les a fait heritiers; ce vieux jaloux non content d'auoir bouclé presque tous les animaux, auoit gelé iusqu'aux riuieres, afin qu'elles ne produisissent pas mesme des images; Il auoit malicieusement tourné vers eux la glace de ces miroirs qui coulent du costé du vif-argent, & y seroient encore, si le Printemps à son retour ne les eût renuersez; Auiourd'huy le bestail s'y regarde nager en courant; la linote & le pinson s'y reproduisent sans perdre leur vnité, s'y ressuscitent sans mourir; & s'ébahissent qu'vn nid si froid leur fasse éclore en vn moment des petits aussi grands qu'eux-mesmes: enfin nous tenons la terre en bonne humeur, nous n'auons d'oré-uauant qu'à bien choyer ses bonnes graces; à la verité depitée de s'estre veuë au pillage de cet Automne, elle s'estoit tellement endurcie contre nous auec les forces que luy presta l'Hyuer, que si le Ciel n'eût pleuré deux mois sur son sein, elle ne se fut iamais attendrie: mais Dieu mercy elle ne se souuient plus de nos larcins, toute son attention n'est auiourd'huy qu'à mediter quelque fruict nouueau; elle se couure d'herbe mole, afin d'estre plus douce à nos pieds; elle n'enuoye rien sur nos tables qui ne regorge de son laict; si elle nous offre des chenilles, c'est en guise de vers à soye sauuages; & les hannetons sont de petits oyseaux qui montrent qu'elle a eu soin d'inuenter iusqu'à des ioüets pour nos enfans; elle s'étonne elle-mesme de sa richesse, elle s'imagine à peine estre la Mere de tout ce qu'elle produit, & grosse de quinze iours, elle avorte de mille sortes d'insectes, parce que ne pouuant toute seule goûter tant de plaisir, elle ébauche des enfans à la hâte, pour auoir à qui faire du bien; ne semble-t'il pas en attachant aux branches de nos forests des feüilles si toufuës, que pour nous faire rire elle se soit égayée à porter vn pré sur vn arbre : mais parce qu'elle sçait que les contentemens excessifs sont preiudiciables, elle force en cette saison les féves de fleurir pour moderer nostre ioye, par la crainte de deuenir fols: c'est le seul mauuais presage qu'elle n'ait point chassé de dessus l'Hemisphere. Par tout on voit la Nature accoucher, & ses enfans à mesure qu'ils naissent, ioüer dans leur berceau; considerez le Zephire qui n'ose quasi respirer qu'en tremblant, comme il agite les bleds & les caresse : ne diriez vous pas que l'herbe est le poil de la terre, & que ce vent est le peigne qui a soin de le démesler : ie pense mesme que le Soleil fait l'amour à cette saison, car i'ay remarqué qu'en quelque lieu qu'elle se retire, il s'en approche tousiours; ces insolens Aquilons qui nous brauoient en l'absence de ce Dieu de tranquillité (surpris de sa venuë) s'vnissent à ses rayons pour obtenir la paix par leurs caresses, & les plus coupables se cachent dans les atômes & se tiennēt coys sans bouger, de peur d'en estre reconnus : tout ce qui ne peut nuire par sa vie est en pleine liberté. Il n'est pas iusqu'à nostre ame qui ne se répande plus loin que sa prison, afin de montrer qu'elle n'en est pas contenuë. Ie pense que la Nature est aux nopces, on ne void que danses, que concerts, que festins, & qui voudroit chercher dispute, n'auroit pas le contentement d'en trouuer, sinon de celles qui pour la beauté suruiēnent entre les fleurs. Là, possible au sortir du combat vn œillet tout sanglant tombe de lassitude ; là vn bouton de rose enflé du mauuais succés de son Antagoniste, s'épanoüit de ioye ; là le lys, ce Colosse

B iij

entre les fleurs, ce geant de laict caillé, glorieux de voir ses images triompher au Loure, s'éleue sur ses compagnes, les regarde de haut en bas, & fait deuāt soy prosterner la violette, qui ialouse & fâchée de ne pas monter aussi haut, redouble ses odeurs, afin d'obtenir de nostre nez la preference que nos yeux luy refusent; là le gason de thin s'agenoüille humblement deuant la tulipe, à cause qu'elle porte vn calice; là d'vn autre costé la terre dépitée que les arbres portent si haut & si loin d'elle les bouquets, dont elle les a couronnez, refuse de leur enuoyer des fruicts, qu'ils ne luy ayent redonné ses fleurs. Cependant ie ne trouue pas pour ces disputes que le Printemps en soit moins agreable; Matieu Garceau saute de tout son cœur au broüet de sa tante; le plus mauuais garçon du vilage iure par *sa fi* qu'il fera cette année grand peur au Papegay; le vigneron appuyé sur vn échalas, rit dans sa barbe à mesure qu'il void pleurer sa vigne: enfin, l'exemple de la Nature me persuade si bien le plaisir, que toute sujetion estant douloureuse, ie suis presque à regret,

  MONSIEVR,
      Vostre seruiteur.

AV MESME.
POVR L'ESTE.
LETTRE III.

MONSIEVR,

Que ne diriez-vous point du Soleil s'il vous auoit rôty vous-mesme ; puis que vous vous plaignez de luy, lors qu'il hâte l'assaisonnement de vos viandes ? de toute la terre il n'a fait qu'vne grande marmite, il a dessous attisé l'Enfer pour la faire bouillir ; il a disposé les vents tout autour comme des soufflets afin de l'empécher de s'esteindre : & lors qu'il r'alume le feu de vostre cuisine, vous vous en formalisez ; il échauffe les eaux, il les distile, il les rectifie de peur que leur crudité ne vous nuise ; & vous luy chantez pouille pendant mesme qu'il boit à vostre santé ; pour moy, ie ne sçay pas en quelle posture d'orénauant se pourra mettre ce pauure Dieu, pour estre à nostre gré. Il enuoye à nostre leuer les oyseaux

nous donner la musique, il échauffe nos bains, & ne nous y inuite point qu'il n'en ait essayé le peril en s'y plongeant le premier; que pouuoit-il adiouter à tant d'honneur sinon de manger à nostre table ; mais iugez ce qu'il demãde quãd il n'est iamais plus proche de nos maisons qu'à midy ; plaignez-vous, Monsieur, apres cela, qu'il desseiche l'humeur des riuieres ; helas! sans cette attraction, que serions-nous deuenus? les fleuues, les lacs, les fontaines, ont succé toute l'eau qui rendoit la terre feconde, & l'on se fâche qu'au hazard d'en faire gagner l'hidropisie à la moyenne region ; ils prennent la charge de la repuiser, & de promener par le Ciel les nuës, ces grands arrousoirs dont il esteint la soif de nos campagnes alterées ; encore dans vne saison où il est si fort pris de nostre beauté, qu'il nous veut voir tous nuds: i'ay bien de la peine à m'imaginer s'il n'attiroit à soy beaucoup d'eau pour y moüiller & rafraischir ses rayons, comment il nous baiseroit sans nous brusler : mais quoy qu'on dise, nous en auons tousiours de reste; car au temps mesme que la Canicule par son ardeur ne nous en laisse precisément que pour la necessité ; n'a-t'il pas soin de faire enrager les chiens
de

POVR L'ESTE'. 17

de peur qu'ils n'en boiuent ; vous fulminez encore contre luy, fur ce qu'il dérobe (dites-vous) iufques à nos ombres : il nous les ofte (ie l'auouë) & il n'a garde de les laiffer auprés de nous, voyant qu'à toute heure elles fe diuertiffent à nous effrayer ; voyez comme il monte au plus haut de noftre horifon pour les mettre à nos pieds, & pour les recogner fous terre d'où elles font parties ; quelque haine cependant qu'il leur porte, quelque proche de leur fin qu'elles fe trouuent, il leur donne la vie quand nous nous mettons entre-deux ; c'eft pourquoy ces filles de la nuict courent tout alentour de nous pour fe tenir à couuert des armes du Soleil ; fçachant bien qu'il aimera mieux s'abftenir de la victoire, que de fe refoudre à les tuer au trauers de nos corps. Ce n'eft pas que durant toute l'année il ne foit pour nous tout en feu ; & il le montre affez, n'en repofant ny nuict ny iour : Mais en Efté toutefois fa paffion deuient bien autre ; il brufle, il court, il femble deualer de fon cercle, & fe voulant ietter à noftre col, il en tombe fi prés, que pour legere que foit l'Effence d'vn Dieu, la moitié des hommes degoute de

C

sueur en le portant ; nous ne laissons pas toutefois de nous affliger quand il nous quitte ; les nuicts mesme sympatisant à sa complexion, deuiennent claires & chaudes, à cause qu'à son depart il a laissé sur l'Horison vne partie de son équipage, comme ayant à y reuenir bien-tost. Le mois de May veritablement germe les fruicts, les noüe & les grossit ; mais il leur laisse vne aspreté mortelle qui nous étrangleroit, si celuy de Iuin n'y passoit du sucre : possible m'obiectera-t'on que par ses chaleurs excessiues, il met les herbes en cendre,& qu'en suite il fait couler dessus des orages de pluye, mais pensez-vous qu'il n'ayt grand tort(nous voyans tous salis du hâle) de nous mettre à la lessiue : & ie veux qu'il fût bruslant iusqu'à nous consommer, ce seroit au moins vne marque de nostre paix auec Dieu, puis qu'autrefois chez son peuple il ne faisoit descendre le feu du Ciel que sur les Victimes purifiées ; encore s'il nous vouloit brûler, il n'enuoyeroit pas la rosée pour nous rafraischir, cette belle rosée qui nous fait croire par ses infinies goutes de lumiere, que le flambeau du monde est en poudre dedans nos prez, qu'vn milion de petits Cieux sont tombez sur la terre, ou que c'est l'ame de l'Vniuers qui ne sçachant quel honneur rendre à son Pere, sort au deuant de luy, & le va receuoir iusques sur la pointe des herbes. Le villageois s'imaginent tantost que ce sont des poux d'argent tombez au matin de la teste du Soleil qui se peigne; tantost la sueur de l'air corrompuë par le chaud, où des vers luisans se sont mis; tantôt la saliue des Astres qui leur tombe de la bouche en dormant : mais enfin, quoy que ce puisse estre, il n'importe, fussent les larmes de l'Aurore, elle s'afflige de trop bonne grace pour ne nous en pas réjoüir : & puis c'est le temps où la nature nous met à mesme ses thresors: Le Soleil en personne assiste aux couches de Cerés, & chaque espy de bled paroît vne boulangerie de petits pains de laict qu'il a pris la peine de cuire. Que si quelques-vns se plaignent que sa trop longue demeure auec nous jaunit les feüilles apres les fruicts, qu'ils sçachent que ce Monarque des estoiles en vse ainsi pour composer de nostre climat le iardin des Hesperides, enattachant aux arbres des feüilles d'or aussi bien que des fruicts : toutefois il a beau

C ij

tenir la campagne, il a beau dans son Zodiaque s'échaufer auec le Lyon : Il n'aura pas demeuré vingt-quatre heures chez la Vierge qu'il luy fera les doux yeux; il deuiendra tous les iours plus froid : & enfin, quelque nom de pucelle qu'il laisse à la pauure fille, il sortira de son lict tellement énervé, que six mois à peine le gueriront de cette impuissance : ô que i'ay cependant peur de voir croistre l'Esté, parce que i'ay peur de le voir diminuer ; c'est luy qui débarasse l'eau, le bois, le metal, l'herbe, la pierre, & tous les Corps differens que la gelée auoit fait venir aux prises : il appaise leurs froideurs: il démêle leurs antipaties, il moyenne entr'eux vn échange de prisonniers, il reconduit paisiblement chacun chez soy, & pour vous montrer qu'il separe les natures les plus jointes, c'est que n'estant vous & moy qu'vne mesme chose, ie ne laisse pas aujourd'huy de me considerer separément de vous, pour éuiter l'impertinence qu'il y auroit de me mander à moy-mesme : Ie suis,

 MONSIEVR,

Vostre seruiteur.

AV MESME.
CONTRE L'AVTOMNE.
LETTRE IV.

MONSIEVR,

Il me semble que i'aurois maintenant bien du plaisir à pester contre l'Automne, si ie ne craignois de fascher le Tonnerre, luy qui non content de nous tuer, n'est pas satisfait s'il n'assemble trois bourreaux differents dans vne mort, & s'il ne nous massacre tout à la fois par les yeux, par les oreilles, & par le toucher : cest à dire, par l'éclair, le tonnerre & le carreau ; l'éclair s'alume pour esteindre nostre veuë à force de lumiere, & precipitant nos paupieres sur nos prunelles, il nous fait passer de deux petites nuicts de la largeur d'vn double dans vne autre aussi grande que l'Vniuers ; L'air en s'agitant enflamme ses aposthumes, en quelque part où nous tournions la veuë, vn nuage sanglant semble auoir deplié entre nous & le iour, vne tenture de gris brun, doublé de tafetas cramoisi; le Foudre engendré dans la nuë, créve le ventre de sa mere, & la nuë grosse en trauail s'en deliure auec tant de bruict, que les roches les plus sauuages s'ouurent aux cris de cét accouchement. Il ne sera pourtant pas dit que cét orgueilleuse saison me parle si haut, & que ie n'ose luy répondre : cette insolente, aux crimes de laquelle il ne manquoit plus que de faire imputer à son createur les vices de la Nature; mais quand l'iniustice de cent mille coups de Tonnerre seroit vne production de la sagesse inscrutable de Dieu, il ne s'ensuit pas pour cela que la saison du Tonnerre, c'st à dire la saison destinée à châtier les coupables, soit plus agreable que les autres, ou bien il faut conclure que le temps le plus doux de la vie d'vn criminel, est celuy de son execution. Ie croy qu'en suite de ce funeste Metheore nous pouuons passer au vin, puis que c'est vn Tonnerre liquide, vn couroux potable, & vn trespas qui fait mourir les yvrognes de santé; Il est cause, le furieux, que la definition qu'Aristote a donné pour l'homme, d'animal raisonnable, soit fausse au moins pour ceux qui en boiuent trop : mais ne vous

L'AVTOMNE.

semble-t'il pas qu'on peut dire du cabaret, que c'est vn lieu où l'on vend la folie par bouteilles, & ie doute mesme s'il n'est point allé iusques dans les Cieux faire sentir ses fumées au Soleil, voyant comme il se couche tous les iours de si bonne heure. Quelques Philosophes de ce siecle en ont tant aualé, qu'ils en ont fait pirouëter la terre dessous eux, & si veritablement elle se meut, ie pense que ce sont des SS que l'yvrognerie luy fait faire. Pour moy, ie porte tant de haine à ce poison, qu'encore que l'eau de vie soit vn venin beaucoup plus furieux, ie ne laisse pas de luy pardonner, à cause que ce m'est vn tesmoignage qu'elle luy a fait rendre l'esprit. Nous voyla donc en ce temps condamnez à mourir de soif, puis que nostre breuuage est empoisonné : voyons si nostre manger qu'elle nous estend sur la terre, comme sur vne table, est moins dangereux que sa boisson. Helas ! pour vn seul fruict qu'Adam mangea, cent mille personnes moururent qui n'estoient pas encore ; l'arbre mesme est forcé par la Nature de commencer le suplice de ses enfans criminels, il les iette contre terre, la teste en bas ; le vent les secoüe, &

le Soleil les precipite. Apres cela, Monsieur, ne trouuez pas mauuais que ie desaprouue qu'on die, voyla du fruict en bon estat. Comment y pourroit-il estre, luy qui s'est pendu soy-mesme? Aussi à considerer comme les cailloux y vont à l'offrande: n'est-ce pas vne occasion de douter de leur innocence, puis qu'ils sont lapidez à chaque bout de champ? Ne voyez-vous pas mesme que les arbres en produisant les fruicts, ont soin de les enueloper de feüilles pour les cacher, comme s'ils n'auoient pas assez d'effronterie pour montrer à nud leurs parties honteuses? Mais admirez encor comment cette horrible saison traitte les arbres en leur disant Adieu. Elle les charge de vers, d'araignées & de chenilles, & tous chauues qu'elle les a rendus, elle ne laisse pas encor de leur mettre de la vermine à la teste: nommez-vous cela des presens d'vne bonne mere à ses enfans? & merite t'elle que nous la remercions apres nous auoir osté presque tous les alimens: mais son dépit passe encore plus outre; car elle tâche d'époisonner ceux qui ne sont pas morts de faim, & ie n'auance rien que ie ne prouue: n'est-il pas vray que ne nous restant plus
rien

L'AVTOMNE.

rien de pur entre tant de choses dont l'vsage nous est necessaire, sinon l'air. La marastre l'a suffoqué de contagion : ne voyez-vous pas comme elle traisne la peste, cette maladie sans queuë qui tient la mort penduë à la sienne en toutes les villes de ce Royaume ? comme elle renuerse toute l'œconomie de l'Vniuers & de la societé des hommes, iusqu'à couurir de pourpre des miserables sur vn fumier, & iugez si le feu dont elle s'alume contre nous est ardent, quand il suffit d'vn charbon sur vn homme pour le consommer.

Voylà, Monsieur, les thresors & l'vtilité de cette adorable saison, par qui vous pensiez auoir trouué le secret de la corne d'abondance. En verité, ne merite-elle pas bien mieux des satyres que des eloges, & ne devrions-nous pas mesme detester les autres à cause qu'elles sont en sa compagnie, & qu'elles la suiuent tousiours & la precedent? Pour moy, ie ne doute point qu'vn iour cette enragée ne pervertisse toutes ses compagnes, & en effet, nous obseruons qu'elles ont desia toutes à son exemple leur façon particuliere d'estropier, & que pour les maux

D

dont elles nous accablent, l'Hyuer nous contraint de reclamer S. Iean, le Printemps S. Mathurin, l'Esté S. Hubert, & l'Automne S. Roch. Pour moy, ie ne sçay qui me tient que ie ne me procure la mort de dépit que i'ay de ne pouuoir viure que dessous leur regne, mais principalement de ce que la maudite Automne me passe tous les ans sur la teste pour me faire enrager: il semble que elle tasche d'embarasser ses sœurs dans ses crimes: car enfin, Monsieur, grosse de foudres comme nous la voyons, n'induit-elle pas à croire que toutes ensemble elles composent vn monstre qui aboye par les pieds; que pour elle, elle est vne Harpie affamée qui mord de la glace pendant que sa queuë est au feu, qui se sauue d'vn embrasement par vn deluge, & qui vieille à quatre-vingt iours est si passionnée d'amour pour l'Hyuer, à cause qu'il nous tuë, qu'elle expire en le baisant: mais ce qui me semble encore plus estrange est, que ie me sois abstenu de luy reprocher son plus grand crime, ie veux dire le sang dont elle soüille depuis tant d'années la face de toute l'Europe, car ie le deuois faire pour la punir de ce qu'ayant pro-

L'AVTOMNE.

digué des fruicts à tout le monde, elle ne m'en a pas encore donné vn qui puisse vous dire apres ma mort, ie suis,

MONSIEVR,

Voſtre ſeruiteur,

DESCRIPTION II.

DE L'AQVEDVC, OV LA FONTAINE D'ARCVEIL.

A MES AMIS LES BEVVEVRS D'EAV.

LETTRE V.

Cette Lettre d'Arcueïl ayant esté perduë, l'Autheur long-temps apres en fit vne autre : mais comme il ne se souuenoit presque plus de la premiere, il ne rencontra pas les mesmes pensées. Depuis, il retrouua la perduë, & comme il est assez ennemy du trauail, il ne crût pas que le sujet fut digne d'épurer chaque Lettre, en ostant de chacune les imaginations qui se pourroient rencontrer dans l'autre.

Messieurs,

Pied-là, pied-là, ma teste sert de poinct à vne riuiere, ie suis dessous, tout au fond, sans nager ; & toutesfois i'y respire à mon aise. Vous iugez bien que c'est d'Arcueil, que ie vous escris. Icy l'eau conduite en triomphe, marche en haye d'vn regiment de pierres :

on luy a dreſſé cent portiques pour la receuoir: & le Roy la iugeant fatiguée, d'eſtre
venuë à pied de ſi loin, enuoya l'appuyer,
de peur qu'elle ne tombat. Ces excez d'honneur l'ont renduë ſi glorieuſe, qu'elle n'iroit
pas à Paris ſi l'on ne l'y portoit: s'eſtant mor-
fonduë d'auoir ſi long-temps couché contre
terre, elle s'eſt faict dreſſer vn lict plus haut;
& l'on tient par tradition que cet aqueduc
luy ſembla ſi pompeux, & ſi beau, qu'elle
vint d'elle-meſme s'y promener pour ſon
plaiſir: cependant elle eſt renfermée entre
quatre murailles, ſeroit-ce qu'on l'euſt con-
uaincuë de s'eſtre iadis trouuée en la compagnie de celle de la mer pendant quelque
naufrage? Il le faut bien: car la Iuſtice eſt ici
tellement ſeuere, qu'on y contraint iuſqu'aux
fontaines de marcher droict, & l'air de la
ville eſt ſi contagieux qu'elles n'en ſçauroient
approcher ſans gaigner la pierre: ces obſta-
cles toutesfois n'ont point empeſché qu'il
n'ait pris à celle-cy vne telle demangeaiſon
de la voir, qu'elle s'en gratte demie lieüe
durant contre des roches, il luy tarde qu'elle ne contrefaſſe l'Hypocrene entre les Muſes
de l'Vniuerſité: elle n'en peut tenir ſon eau.

Voyez comme des montagnes de Rongy elle pisse en l'air iusqu'au Faux-bourg S. Germain : elle va receuoir de S. A. R. l'ordre des visites qu'elle a à faire, & quelques sourdes menasses qu'elle murmure en chemin, quelque formidable qu'elle paroisse, Luxembourg ne l'a pas plutost aperceüe que d'vn seul regard il la disperse de tous costez. En verité l'amour pouuoit-il ioindre Arcueil & Paris par vn lien plus fort que celuy de la vie? Ce reptile est vn morceau pour la bouche du Roy : c'est vne grande espée qui va faire mettre par les Porteurs d'eau des bouts de bois à son fourreau : c'est vne couleuvre immortelle, qui s'enfonce dans son écaille, à mesure qu'elle en sort : c'est vne aposteme artificielle qu'on ne sçauroit creuer sans mettre Paris en danger de mort : c'est vn pâté, dont la sauce est viue : c'est vn os, dont la moëlle chemine : c'est vn serpent liquide, dont la queuë va deuant la teste : Enfin, ie pense qu'elle a resolu de ne rien faire icy que des choses impossibles à croire : elle ne va droict qu'à cause qu'elle est voutée : elle ne se corrompt point, encore qu'elle soit au tombeau : elle est viue, depuis qu'elle est en terre: elle passe par dessus des murs, dont les portes sont ouuertes: elle marche droict à tastons, & court de toute sa force sans tomber. Hé bien, Messieurs, apres tant de miracles, ne meriteroit-elle pas bien d'estre canonisée à Paris sous le nom de S. Cosme, S. Benoist, S. Michel & S. Seuerin ? Qui diroit cependant que la largeur de deux pieds mesure le destin de tout vn peuple ? Connoissez par là quel honneur ce vous est, que moy, qui puis, quand bon me semble, arrester la liqueur qui desaltere tant d'honnestes gens à Paris, & qui tous les iours me fais seruir deuant le Roy, ie m'abaisse iusqu'à me dire,

MESSIEVRS,

Vostre seruiteur,
DE BERGERAC.

DE L'AQVEDVC

AVTRE
SVR LE MESME SVIET.
LETTRE VI.

MESSIEVRS,

Miracle, miracle, ie suis au fond de l'eau & ie n'ay pas dequoy boire : i'ay vn fleuue entier sur la teste, & ie n'ay point perdu pied : & enfin ie me trouue en vn pays où les fontaines volent, & où les riuieres sont si delicates qu'elles passent par dessus des ponts de peur de se mouiller : ce n'est point hiperbole, car à considerer les grands portiques sur lesquels celle-cy va comme en triomphe, il semble qu'elle se soit montée sur des échasses pour voir de plus loin, & pour remarquer dans Paris les lieux où elle est necessaire : ce sont comme des arcs auec lesquels elle décoche vn million de fléches d'argent liquide contre la soif : Tout à l'heure elle estoit assise à cul-nu contre terre : mais la voylà maintenant qui se promene dans des galeries :
elle

D'ARCVEIL.

elle porte sa teste à l'égal des montagnes; & croyez toutesfois qu'elle n'est pas de moins belle taille pour estre voutée; Ie ne sçay pas si nos Bourgeois prennent cette Arche pour l'Arche d'Aliance, ie sçay seulement que sans elle ils seroient du vieux Testament; elle encherit en leur faueur au dessus des forces de la Nature. Elle fait pour eux l'impossible, iusqu'à courir deux lieuës durant auec des iambes mortes qu'elle ne peut remuer. On diroit à la voir jaillir en haut comme elle fait, qu'apres auoir long-temps poussé contre le Globe de la terre qui pesoit sur elle, s'en trouuant tout à coup déchargée, elle ne se puisse plus retenir, & continüe en l'air malgré soy la secousse qu'elle s'estoit donnée; Mais d'où vient qu'à Rongis pour vn peu de sable qu'elle a dans les reins, elle n'vrine que goute à goute, & que dans Arcueil où elle est atteinte de la pierre, elle pisse par dessus des môtagnes? encores ce ne sont là que de ses coups d'essay, elle fait bien d'autres miracles : elle se glisse éternellement hors de sa peau, sans iamais acheuer d'en sortir, & plus sçauante que les Docteurs de la faculté d'Hipocrate, tous les iours à Paris elle guerit d'vn seul regard plus de quatre cent mil alterez : elle se morfond à force de courir : elle s'enterre toute viue dans vn tombeau pour viure plus long-temps; n'est-ce point que sa beauté l'oblige à se cacher du Soleil de peur d'en estre enleuée ? ou que pour s'estre entendue caioler au vilage, elle deuienne si glorieuse qu'elle ne veüille plus marcher si on ne la porte ? ie sçay bien que dans ce long bocal de pierre (où ne sçauroit mesme entrer vn filet de lumiere) on ne peut pas dire qu'elle soit éuentée; & ie sçay bien pourtant qu'elle n'est pas sage de passer par dessus des portes ouuertes : cependant peut-estre que ie la blasme à tort : car ie parle de ce mole d'Architecture, sans sçauoir encor au vray ce que c'est : c'est possible vne nue petrifiée; vn grand os dont la moüelle chemine; vn arc-en-Ciel solide, qui puise de l'eau dans Arcüeil pour la verser en cette Ville; vn pasté de poisson qui a trop de sauce, vne nayade au lict qui a le cours de ventre, vn Apoticaire de l'Vniuersité qui luy donne des clisteres; enfin la mere nourrice de toute vne Ville dõt les robinets sont les mammelles qu'elle luy presente à teter. Puis donc qu'vne si longue prison la rend méconnoisfablé, allons vn peu plus loin la voir au fortir du ventre de fa mere ? O Dieux ! qu'elle eſt gentille, qu'elle a l'air frais & la face vnie : ie l'entends qui gaſoüille auec le grauier, & qui ſemble par ſes begayemens vouloir eſtudier la langue du pays ; conſiderez-là de prés, ne la voyez-vous pas qui ſe couche tout de ſon long dans cette coupe de marbre ? elle repoſe, & ne laiſſe pas de s'enfler ſous l'égouſt de ſa ſource, comme ſi elle taſchoit de ſuccer en dormant le tetin de ſa nourrice ; au reſte, vous ne trouueriez pas auprez d'elle le moindre poiſſon : car la pauure petite eſt encore trop ieune pour auoir des enfans : ce n'eſt pas toutefois manque de connoiſſance, elle a receu auec le iour vne lumiere naturelle & du bien & du mal, & pour vous le monſtrer, c'eſt qu'on ne l'approche iamais qu'elle ne faſſe voir à l'œil la laideur ou la beauté de celuy qui la conſulte. A ſon âge pourtant, à cauſe que ſes traits ſont encore informes, on a de la peine à diſcerner ſi ce n'eſt point vn iour de quatre pieds en quarré, ou bien vn œil de la terre qui pleure : mais non, ie me trompe, elle eſt trop viue pour reſſembler à des choſes

E ij

mortes, c'est sans doute la Reyne desfontaines de ce pays, & son humeur royale se remarque en ce que par vne liberalité toute extraordinaire, elle ne reçoit visite de personne qu'elle ne luy donne son portrait ; en recompense elle a receu du Ciel le don de faire des miracles : ce n'est pas vne chose que i'auance pour ayder à son panegyrique, approchez-vous du bord, & vous verrez qu'à l'exemple de cette fontaine sacrée qui deïfioit ceux qui se baignoient, elle fait des corps sans matiere, les plonge dans l'eau sans les moüiller, & nous monstre chez soy des hommes qui viuent sans aucun vsage de respiration : encore ne sont-ce-là que des coups qu'elle fait en dormant : à peine a-t'elle reposé autant de temps qu'il en faut pour mesurer quatre ajambées, qu'elle part de son hostellerie, & ne s'arreste point qu'elle n'ait receu de Paris vn fauorable regard : sa premiere visite c'est à Luxembourg, si tost qu'elle est arriuée, elle se iette en terre & và tomber aux pieds de son Altesse Royale, à qui par son murmure elle semble demander en langage de ruisseau les maisons où il luy plaist qu'elle s'aille loger. Elle est venuë auec tant de hâte qu'elle en est encore toute en eau : & pour n'auoir pas eu le loisir sur les chemins de mettre pied à terre, elle est contrainte iusques dans le Palais d'Orleans d'aller au bassin en presence de tout le monde. Cependant elle a beau gröder à nos robinets & verser des torrens de larmes pour nous exciter à compassion de sa peine, l'ingratitude en ce temps, est si prodigieuse, que les alterez luy font la mouë; quantité de coquins luy donnent les sceaux, & tout le monde est rauy de la voir pisser sous elle : l'vn dit qu'elle est bien mal aprise de venir auec tant de hâte se loger parmy des Bourgeois pour leur pisser dans la bouche : l'autre, que c'est en vain qu'elle marche auec tant de pompe pour ne faire à Paris que de l'eau toute claire : ceux-cy, que son impudence est bien grande d'alonger le col de si loin à dessein de nous cracher au nez : ceux-là, qu'elle est bien malade de ne pouuoir tenir son eau : enfin il n'est pas iusqu'à ceux qui font semblant de la baiser qui ne luy montrent les dents. Pour moy ie m'en laue les mains, car i'ay deuant les yeux trop d'exemples de la punition des yvrongnes qui la méprisent : la Nature mesme, qui est la Mere de cette belle fille, a ce semble eu si peur, que quelque chose ne manquât, aux pompes de sa reception, qu'elle a donné à tous les hommes vn palais pour la receuoir, mais cette belle n'abuse point des honneurs qu'on luy fait, au contraire, à peine est-elle arriuée à Paris, que pour les fatigues d'vne trop longue course, se sentant à l'extremité, & preuoyant sa fin, elle court à S. Cosme, S. Benoist & Seuerin pour obtenir leur benediction. Voylà tout ce que ie puis dire à la loüange de ce bel Aqueduc & de son Hostesse ma bonne amie : çà donc qui veut de l'eau, en voulez-vous, Messieurs, ie vous la garantis de fontaine sur la vie; & puis vous sçauez que ie suis,

Vostre seruiteur.

AVTRE
SVR L'OMBRE QVE FAISOIENT
DES ARBRES DANS L'EAV.

LETTRE VII.

MONSIEVR,

Le ventre couché fur le gafon d'vne riuiere, & le dos eftendu fous les branches d'vn faule qui fe mire dedans, ie voy renouueller aux arbres l'hiftoire de Narciffe ; cent peupliers precipitent dans l'onde cent autres peupliers, & ces aquatiques ont efté tellement épouuentez de leur cheute, qu'ils tremblent encores tous les iours du vent qui ne les touche pas ; ie m'imagine que la nuict ayant noircy toutes chofes, le Soleil les plonge dans l'eau pour les lauer : mais que diray-ie de ce miroir fluide, de ce petit monde renuerfé, qui place les chefnes au deffous de la mouffe, & le Ciel plus bas que les chefnes ? Ne font ce point de ces Vierges de iadis metamorphofées en arbres, qui defefperées de

SVR L'OMBRE DES ARBRES
sentir encore violer leur pudeur par les baisers d'Apollon, se precipitent dans ce fleuue la teste en bas ? ou n'est-ce point qu'Apollon luy-mesme offensé qu'elles ayent osé proteger contre luy la fraischeur, les ait ainsi penduës par les pieds? Aujourd'huy le poisson se promene dans les bois : & des forests entieres sont au milieu des eaux sans se moüiller; vn vieil orme entr'autres vous feroit rire, qui s'est quasi couché iusques dessus l'autre bord, afin que son image prenant la mesme posture, il fit de son corps & de son portrait vn hameçon pour la pesche : l'onde n'est pas ingrate de la visite que ces saules luy rendent; elle a percé l'Vniuers à iour, de peur que le vase de son lict ne soüillat leurs rameaux, & non contente d'auoir formé du cristal auec de la bourbe, elle a vouté des Cieux & des Astres par dessous, afin qu'on ne pût dire que ceux qui l'estoient venus voir eussent perdu le iour qu'ils auoient quitté pour elle : maintenant nous pouuons baisser les yeux au Ciel, & par elle le iour se peut vanter que tout tout foible qu'il est à quatre heures du matin, il a pourtant la force de precipiter le Ciel dans des abimes : mais admirez l'Empire
que

SVR L'OMBRE DES ARBRES, &c. 41
que la basse region de l'ame exerce sur la haute, apres auoir découuert que tout cemira ce n'est qu'vne imposture des sens, ie ne puis encore empescher ma veuë de prendre au moins ce Firmament imaginaire pour vn grand lac sur qui la terre flote; le Rossignol qui du haut d'vne branche se regarde dedans, croit estre tombé dãs la Riuiere: Il est au sõmet d'vn chesne &' toutefois il a peur de se noyer; mais lors qu'apres s'estre affermi de l'œil & des pieds, il a dissipé sa frayeur, son portrait ne luy paroissant plus qu'vn riual à combatre, il gasouïlle, il éclate, il s'égosille, & cét autre Rossignol, sans rompre le silence, s'égosille en aparance cõme luy; & trompe l'ame auec tant de charmes qu'on se figure qu'il ne chante que pour se faire ouyr de nos yeux; ie pense méme qu'il gazoüille du geste, & ne pousse aucun son dans l'oreille afin de respondre en méme temps à son ennemy, & pour n'enfraindre pas les loix du païs qu'il habite, dont le peuple est muet; la perche, la dorade, & la truite qui le voyent, ne sçauent si c'est vn poisson vestu de plumes, ou si c'est vn oiseau dépoüillé de son corps; elles s'amassent autour de luy, le considerent comme vn monstre, & le brochet

F

(ce tyran des Riuieres) jaloux de rencontrer vn Estranger sur son Trône, le cherche en le trouuant, le touche & ne le peut sentir, court apres luy au milieu de luy mesme, & s'étonne de l'auoir tant de fois trauersé sans le blesser: moy-mesme i'en demeure tellement consterné que ie suis contraint de quitter ce tableau. Ie vous prie de suspendre sa condamnation, puis qu'il est malaisé de iuger d'vne ombre: car quand mes antousiasmes auroient la reputation d'estre fort éclairez, il n'est pas impossible que la lumiere de celuy-cy soit petite, ayant esté prise à l'ombre: & puis, quelle autre chose pourrois-je ajouster à la description de cette Image enluminée, sinon que c'est vn rien visible, vn cameleon spirituel; vne nuit, que la nuit fait mourir; vn procez des yeux & de la raison, vne priuation de clarté que la clarté met au jour; enfin que c'est vn esclaue qui ne manque non plus à la matiere, qu'à la fin de mes lettres,

Vostre seruiteur, &c.

AVTRE.
D'VN CYPRES.
LETTRE VIII.

M ONSIEVR,

I'auois enuie de vous enuoyer la description d'vn Ciprés, mais ie ne l'ay qu'ébauchée, à cause qu'il est si pointu que l'esprit mesme ne sçauroit s'y asseoir; sa couleur & sa figure me font souuenir d'vn lezard renuersé, qui pique le Ciel en mordant la terre; si entre les arbres il y a, comme entre les hommes, difference de métiers; à voir celuy-cy chargé d'alaînes au lieu de feüilles, ie croy qu'il est le Cordonnier des arbres. Ie n'ose quasi pas méme approcher mon imagination de ses éguilles, de peur de me piquer de trop écrire; de vingt mil lances il n'en fait qu'vne sans les vnir : on diroit d'vne fléche que l'Vniuers reuolté darde contre le Ciel; ou d'vn grand clou dont la nature attache l'empire des viuans à celuy des morts; cét obelisque, cét arbre dragon, dont la queuë est à la teste, me semble vne piramide bien plus commode que celle de Mausolée; car au lieu qu'on portoit les trespassez dans celle-là, on porte celle-cy à l'enterrement des trespassez; mais ie prophane l'auanture du jeune Ciparisse, les amours d'Apollon, de luy faire jouër des personnages indignes de luy dans le monumēt; ce pauure metamorphosé se souuient encore du Soleil, il créue sa sepulture & s'éguise en montant afin de percer le Ciel pour se joindre plustost à son amy : il y seroit desia sans la terre sa Mere qui le retient par le pied. Phœbus en fait en recompense vn de ces vegetaux, à qui toutes les saisons portent respect. Les chaleurs de l'Esté n'osent l'incommoder cōme estāt le mignon de leur Maistre, les gelées de l'Hyuer l'apprehendent comme la chose du monde la plus funeste ; de sorte que sans couronner le front des Amans ny des Vainqueurs, il n'est non plus obligé que le Laurier ou le Myrte de se décoiffer quand l'année luy dit Adieu : les anciens mesme qui connoissoient cét Arbre pour le siege de la parque, le traisnoient aux funerailles, afin d'intimider la mort par la crainte de perdre ses meubles.

D'VN CYPRES.

Voila ce que ie vous puis mander du tronc & des bras de cét Arbre, ie voudrois bien acheuer par le sommet afin de finir par vne pointe ; mais ie suis si mal-heureux que ie ne trouuerois pas de l'eau dans la mer. Ie suis dessus vne pointe, & ie ne la puis voir à cause possible qu'elle m'a creué les yeux : considerez ie vous prie comme pour échaper à ma pensée, elle s'aneantit en se formant, elle diminuë à force de croistre, & ie dirois que c'est vne Riuiere fixe qui coule dans l'air si elle ne s'etrecissoit à mesure qu'elle chemine, & s'il n'estoit plus probable de penser que c'est vne pique allumée dont la flamme est verte : ainsi ie force le Cyprés, cét Arbre fatal qui ne se plaist qu'à l'ombre des tombeaux, de representer du feu, car c'est bien la raison qu'il soit au moins vne fois de bon presage, & que par luy, ie me souuienne tous les iours, quand ie le verray qu'il a esté cause en me fournissãt matiere d'vne lettre, que i'ay eu l'honneur de me dire, pour finir

MONSIEVR,

Vostre seruiteur,

AVTRE
D'VNE TEMPESTE.
LETTRE IX.

MONSIEVR,

 Quoy que ie fois icy couché fort mollement, ie n'y fuis pas fort à mon aife ; plus on me berce moins ie dors : tout au tour de nous les coftes, gemiffent du choc de la tourmente ; la Mer blanchit de courroux ; le vent fifle contre nos cables ; l'eau feringue du Sel fur noftre Tillac, & cependant l'ancre & les voiles font leuées : defja les Litanies des paffagers, fe meflent aux blafphemes des Matelots ; nos vœux font entre-coupez de hoquets, Ambaffadeurs tres certains d'vn degobillis tres-penible. Bon Dieu nous fommes attaquez de toute la nature ; Il n'eft pas infqu'à noftre cœur qui ne fe fouléue contre nous ; la Mer vomit fur nous & nous vomiffons fur elle, vne feule vague quelquefois nous enuelope fi generalement, que qui nous contempleroit du riuage prendroit noftre vaiffeau pour vne maifon de verre où nous fommes enchaffez ; l'eau femble exprez fe boffuer pour nous faire vn Tableau du Cimetiere : & quand ie prefte vn peu d'atention, ie m'imagine difcerner (comme s'ils partoient de deffous l'Ocean) parmy les effroyables mugiffemens de l'Onde, quelques verfets de l'Office des Morts ; encore l'eau n'eft pas noftre feule partie : le Ciel a fi peur que nous échapions qu'il affemble contre nous vn bataillon de Metheores ; Il ne laiffe pas vn atome de l'air qui ne foit ocupé d'vn boulet de grefle, les comettes feruent de de torches à celebrer nos funerailles ; tout l'Orifon n'eft plus qu'vn grand morceau de fer rouge : les Tonnerres tenaillent l'oüye par l'aigre imagination d'vne piece de camelot qu'on déchire, & l'on diroit à voir la nuë fanglante & groffe côme elle eft, qu'elle va ébouler fur nous, non la foudre, mais le Mont Æthna tout entier ; ô ! Dieu fommes nous tant de chofes pour auoir excité de la ialoufie entre les Elemens à qui nous perdra

le premier; C'est donc à dessein que l'eau va iusques aux mains de Iupiter, éteindre la flâme des éclairs, pour aracher au feu l'hôneur de nous auoir brûlé; mais non contête de cela nous faisât engloutir aux abîmes qu'elle creuse dans son sein, comme elle veoid nostre vaisseau tout proche de se casser contre vn écueüil elle se iette vistement dessous & nous releue de peur que cette autre Element ne participe à la gloire qu'elle pretend toute seule; ainsi nous auons le creue cœur de voir disputer à nos ennemis, l'honneur d'vne défaite où nos vies seront les dépoüilles ; elle prend bien quelquefois la hardiesse, l'insolente, de foüiller auec son écume l'azur du firmament, & de nous porter si haut entre les Astres que Iason peut penser, que c'est le Nauire Argo qui commence vn second voyage : puis dardez que nous sommes, iusqu'au sablon de son lict, nous reiaillissons à la lumiere d'vn tour de main si prompt, qu'il n'y en a pas vn de nous qui ne croye quand nostre Nef est remontée, qu'elle a passé à trauers la masse du môde sur la mer de l'autre costé : Helas ou sômes nous, l'impudence de l'orage ne pardonne pas mesme au nid des
Alcions

Alcions : les Balaines sont étouffées dans leur propre élement ; la mer essaye à nous faire vn couure-chef de nostre Chaloupe ; Il n'y a que le Soleil qui ne se méle point de cét assassinat; la nature l'a bandé d'vn torchon de grosses nuées, de peur qu'il ne le vit ; ou bien c'est que ne voulant pas participer à cette lâcheté, & ne la pouuant empescher, il est au bord de ces Riuieres volantes, qui s'en laue les mains : ô ! Vous toutefois à qui i'écris, sçachez qu'en me noyant ie bois ma faute ; car ie serois encore à Paris plein de santé, si quand vous me commandastes de suiure tousiours le plancher des Vaches, i'eustes esté,

MONSIEVR,

      Vostre obeïssant
      seruiteur.

POVR VNE DAME.
ROVSSE.

MADAME,

Ie sçay bien que nous viuons dans vn pays où les sentimens du vulgaire sont si déraisonnables, que la couleur rousse, dont les plus belles cheuelures sont honorées, ne reçoit que beaucoup de mépris; mais ie sçay bien aussi que ces stupides qui ne sont animez que de l'escume des ames raisonnables ne sçauroient iuger comme il faut des choses excellentes, acause de la distance qui se trouue entre la bassesse de leur esprit, & la sublimité des ouurages dont ils portent iugement sans les connoistre, mais quelque soit l'opinion mal saine de ce monstre à cent testes; permettez que ie parle de vos diuins cheueux comme vn homme d'esprit. Lumineux dégorgement de l'essence du plus beau des estres visibles, intelligente reflexion du feu radical de la nature; image du Soleil la mieux trauaillée, ie ne suis point si brutal de mécognoistre pour ma Reyne, la fille de celuy que mes peres ont cognu pour leur Dieu. Athenes pleura sa Couronne tombée sous les temples abatus d'Apollon: Rome cessa de commander à la terre, quand elle refusa de l'encens à la lumiere; & Bisance est entrée en possession de mettre aux fers le genre humain, aussitôt qu'elle a pris pour ses armes celles de la sœur du Soleil: tant qu'à cét esprit vniuersel le Perse fit hommage du rayon qu'il tenoit de luy, quatre mil ans n'ont pû vieillir la ieunesse de sa Monarchie: mais sur le point de voir briser ses Simulacres, il se sauua dans Pequin des outrages de Babilonne. Il semble maintenant échaufer à regret d'autres terres que celles des Chinois. Et i'aprehende qu'il ne se fixe dessus leur Emisphére s'il peut vn iour sans venir à nous leur donner les quatre saisons. La France toutefois MADAME, a des mains en vostre vilage qui ne sont pas moins fortes que les mains de Iosué pour l'enchainer; Vos triomphes ainsi que les victoires de ce Heros sont trop illustres pour estre cachez de la nuict; il manquera plûtost de promesse à l'homme qu'il ne se tienne toûjours en lieu, d'où il puisse contempler à son aise l'ouurage de ses ouurages le plus parfait: Voyez comme par son amour, l'Esté dernier il échaufa les signes d'vne ardeur si longue & si vehemente, qu'il en pensa brûler la moitié de ses maisons, & sans consulter l'almanach, nous n'auons pû iamais distinguer l'Hyuer de l'Automne pour sa benignité, acause qu'inpatient de vous reuoir, il n'a pû se resoudre à côtinuer son voyage iusqu'au Tropique; ne pensez point que ce discours soit vne hiperbole; Si jadis la beauté de Climeine l'a fait descendre du Ciel, la beauté de M. est assez considerable pour le faire vn peu détourner de son chemin: l'égalité de vos âges, la conformité de vos corps, la ressemblance peut-estre de vos humeurs, peuuent bien r'alumer en luy ce beau feu. Mais si vous estes fille du Soleil adorable Alexie, i'ay tort de dire que vostre pere soit amoureux de vous: Il vous ayme veritablement, & la passion dont il s'inquiete pour vous, est celle qui luy fit soupirer le mal-heur de son Phaëton & de ses Sœurs ; non pas celle qui luy fit répandre des larmes à la mort de sa Daphné; cette ardeur dont il brûle pour vous, est l'ardeur dont il brûla jadis tout le monde; non pas celle dont il fut luy mesme brûlé. Il vous regarde tous les iours auec les frissons & les tendresses que luy donne la memoire du desastre de son fils aisné : Il ne void sur la terre que vous où il se reconnoisse; s'il vous considere marcher, voila dit-il la genereuse insolence dont ie marchois contre le Serpent Piton ; s'il vous entend debiter sur des matieres delicates, c'est ainsi que ie parle, dit-il, sur le Parnasse auec mes Sœurs ; enfin ce pauure pere ne sçait en quelle façon exprimer la ioye que luy cause l'imagination de vous auoir engendrée : Il est ieune comme vous, vous estes belle comme luy : son temperament & le vostre sont tout de feu : Il donne la vie & la mort aux hommes & vos yeux comme les siens font la mesme chose : comme luy uous auez les cheueux roux : I'en estois là de ma lettre, adorable M   lors qu'vn censeur à contre sens m'aracha la plume & me dit que c'estoit mal se prendre au panegirique de loüer vne ieune personne de beauté, parce qu'elle estoit rousse moy ne pouuant punir cét orgueilleux plus sensiblement que par le silence ; ie pris vne autre plume & continué ainsi: Vne belle teste sous vne perruque rousse, n'est autre chose que le Soleil au milieu de ses rayons; ou le Soleil luy mesme, n'est autre chose qu'vn grand œil sous la Perruque d'vne rousse ; cependant tout le monde en médit acause que peu de monde a la gloire de l'estre ; & cent femmes à peine en fournissent vnne, parce qu'estant enuoyés du Ciel pour commander, il est besoin qu'il y ayt plus de suiets que de Seigneurs: ne voyons nous pas que toutes choses en la nature, sont ou plus ou moins nobles selon qu'elles sont ou plus ou moins rousses ? Entre les Elemens celuy qui contient le plus d'essence & le moins de matiere c'est le feu, acause de sa rousse couleur: l'or a receu de la beauté de sa teinture, la gloire de regner sur les metaux ; & de tous les Astres le Soleil n'est le plus considerable que parce qu'il est le plus roux: Les Cometes cheuelus qu'on void voltiger au Ciel à la mort des grands hommes, sont-ce pas les rousses moustaches des Dieux qu'ils s'arachent de regret? Castor & Pollux ces petits feux qui font prédire aux matelots la fin de la tempeste, peuuent-ils estre autre chose que les cheueux roux de Iunon qu'elle enuoye à Neptune en signe d'amour? enfin sans le desir qu'eurent les hommes de posseder la thoison d'vne brebis rousse, la gloire de trente demy-Dieux seroit au berceau des choses qui ne sont pas nées; & (vn Nauire n'estant encore qu'vn estre de raison) Americ ne nous auroit pas conté que la terre a quatre parties. Apollon, Venus & l'Amour, les plus belles diuinitez du Pantheon sont rousses en cramoisy; & Iupiter n'est brun que par accident acause de la fumée de son foudre qui l'a noircy. Mais si les exemples de la Mithologie ne satisfont pas les aheurtez, qu'ils confrontent l'histoire. Sanson qui tenoit toute sa force penduë à ses cheueux, n'auoit-il pas receu l'energie de son miraculeux estre dans le roux coloris de sa Perruque? les destins n'auoient-ils pas ataché la conseruation de l'Empire d'Athenes, à vn seul cheueu rouge de Nisus? Et Dieu n'ut-il pas enuoyé aux Etiopiens la lumiere de la

Foy, s'il eut trouué parmy eux seulement vn rousseau? On ne douteroit point de l'éminente dignité de ces personnes-là; si l'on consideroit que tous les hommes qui n'ont point esté faits d'hommes, & pour l'ouurage de qui Dieu luy mesme a choysi & pétry la matiere, ont toûjours esté rousseaux. Adam qui créé par la main de Dieu mesme, deuoit estre le plus accomply des hommes, fut rousseau : & toute Philosophie bien correcte doit aprendre que la Nature qui tend au plus parfait essaye toûjours en formant vn homme de former vn rousseau : de mesme qu'elle aspire à faire de l'or en faisant du Mercure; car quoy qu'elle rencontre rarement, vn Archer n'est par estimé mal adroit, qui lâchant trente fleches en adresse cinq ou six au but : comme le temperament le mieux balancé est celuy qui fait le milieu du flegme, & de la melancolie, il faut estre bien-heureux pour fraper iustement vn point indiuisible : au deçà sont les blons, au delà sont les noirs ; c'est à dire les volages & les opiniastres, entre deux est le milieu, où la sagesse en faueur des rousseaux a logé la vertu; aussi leur chair est bien plus delicate, le sag plus subtil, les esprits
plus

plus épurez, & l'intellect par conſequent plus acheué a cauſe du mélange parfait des quatre qualitez ; c'eſt la raiſon qui fait que les rouſſeaux blanchiſſent plus tard que les noirs, comme ſi la Nature ſe faſchoit de détruire ce qu'elle a pris plaiſir à faire; en verité ie ne vois iamais de cheuelure blôde, que ie ne me ſouuiêne d'vne touffe de filaſſe mal habillée : mais ie veux que les fêmes blondés quâd elles ſôt ieunes ſoient agreables, ne ſemble-il pas ſi toſt que leurs ioües cômençent à cotoner que leur chair ſe diuiſe par filamens pour leur faire vne barbe; ie ne parle point des barbes noires car on ſçait biê que ſi le diable en porte elle ne peut eſtre que fort brune. Puis donc que nous auons tous à deuenir eſclaues de la beauté, ne vaut-il pas bien mieux que nous perdions noſtre franchiſe deſſous des chaiſnes d'or, que ſous des cordes de chanure, ou des antraues de fer ? Pour moy tout ce que ie ſouhaitte, ô ma belle M. eſt qu'à force de promener ma liberté dedans ces petits labirintes d'or, qui vous ſeruent de cheueux ie l'y perde bien toſt: & tout ce que ie ſouhaite c'eſt de ne la iamais recouurer quand ie l'auray perduë. Voudriez-vous bien me pro-

H

D'VNE DAME ROVSSE.

mettre que ma vie ne sera point plus longue que ma seruitude ? Et que vous ne serez point faschée que ie me die jusqu'à la mort.

MADAME,

Vostre ie ne sçay quoy,

AVTRE.
D'VNE MAISON
DE CAMPAGNE.
LETTRE XI.

MONSIEVR,

I'ay trouué le Paradis d'Edem, i'ay trouué l'âge d'or, i'ay trouué la ieuneſſe perpetuelle, enfin i'ay trouué la Nature au maillot; on rit icy de tout ſon cœur; nous ſommes grands couſins le porcher du vilage & moy; & toute la Parroiſſe m'aſſure que i'ay la mine auec vn peu de trauail de bien chanter vn iour au Lutrin; ô! Dieux, vn Philoſophe comme-vous peut-il preferer au repos d'vne ſi agreable retraite, la vanité, les chagrins & les ambaras de la Cour : Ha! Monſieur ſi vous ſçauiez qu'vn Gentil-homme champeſtre eſt vn Prince inconnu : qui n'entend parler du Roy qu'vne fois l'année, & ne le connoist que par quelque vieux cousinage, & si de la Cour où vous estes, vous auiez des yeux assez bons pour apperceuoir iusques icy, ce gros garçon qui garde vos Codindes le ventre couché sur l'herbe, ronfler paisiblement vn somme de dix heures tout d'vne piece, se guerir d'vne fiévre ardente en deuorant vn quartier de lard jaune, vous confesseriez que la douceur d'vn repos tranquille, ne se gouste point sous les lambris dorez. Reuenez donc ie vous prie à vostre solitude : pour moy ie pense que vous en auez perdu la memoire : ouy sans doute vous l'auez perduë : Mais en verité reste-il encore quelque sombre idée dans vostre souuenir de ce Palais enchanté, dont vous vous estes bany ! ha ie vois bien que non, il faut que ie vous en enuoy : le tableau dans ma lettre : escoutez le donc, le voicy, car c'est vn tableau qui parle. O on récontre à la porte de la maison vne estoile de cinq auenuës, tous les chesnes qui la composent font admirer auec extase l'énorme hauteur de leurs cimes en éleuant les yeux depuis la racine iusqu'au faiste, puis les pre-

DE CAMPAGNE. 61

cipitant du sômet iusques aux pieds, on doute si la terre les porte, ou si eux mesmes ne portent point la terre penduë à leurs racines, vous diriez que leur front orguilleux plie comme par force sous la pesanteur des globes celestes, dont ils ne soûtiénent la charge qu'en gemissant. Leurs bras estendus vers le Ciel, semblent en l'embrassant demander aux Estoiles la benignité toute pure de leurs influences, & les receuoir auparauant qu'elles ayent rien perdu de leur innocence au lict des Elements, là de tous costez les fleurs sans auoir eu d'autre Iardinier que la Nature respirent vne haleine sauuage qui réueille & satisfait l'odorat, la simplicité d'vne Rose sur l'esglantier, & l'azur esclatant d'vne violete sous des ronces ne laissant point de liberté pour le choix, font iuger qu'elles sont toutes deux plus belles l'vne que l'autre. Là le Printemps compose toutes les saisons, là ne germe point de plantes veneneuses que sa naissance, aussi-tost ne trahisse sa conseruation, là les ruisseaux racontent leurs voyages aux cailloux, là mille petites voix emplumées font retentir la forest au bruit de leurs chansons & la trémoussante assemblée de ces

H iij

gorges melodieuses est si generale, qu'il semble que chaque feüille dans les bois ayt pris la figure & la langue du Rossignol: tantost vous leur oyez chatoüiller vn concert, tantost traisner & faire languir leur musique, tantost passionner vne elegie par des soupirs entre-coupez, & puis amolir l'esclat de leurs sons pour exciter plus tendrement la pitié: tantost aussi ressusciter leur harmonie & parmy les roulades, les fuges, les crochets & les esclats, rendre l'ame & la voix tout ensemble, Echo mesme y prend tant de plaisir qu'elle semble ne repeter leurs airs que pour les apprendre. Et les ruisseaux jaloux de leur musique, grondent en fuyant, irrités de ne les pouuoir esgaler. A costé du chasteau se découurent deux promenoirs, dont le gason vert & continu forme vne émeraude à perte de veuë, le meslange confus des couleurs que le Printemps atache à cent petites fleurs, esgare les nuances l'vne de l'autre, & leur teint est si pur qu'on iuge bien qu'elles ne courent ainsi apres elles mesmes que pour eschaper aux amoureux baisers des vents qui les caressent : on prendroit maintenant cette prerie pour vne mer fort calme, mais aux moindres Zephirs qui se presentent pour y folatrer, ce n'est plus qu'vn superbe Ocean coupé de vagues & de flots, dont le visage orgueilleusement renfrogné, menace d'engloutir ces petits temeraires. Mais parce que cette mer n'offre point de riuage, l'œil comme épouuanté d'auoir couru si loin sans découurir le bord, y enuoye vistement la pensée, & la pensée doutant encor que ce terme qui finit ses regards ne soit celuy du mõde, veut quasi se persuader que des lieux si charmãs auront forcé le Ciel de se ioindre à la terre. Au milieu d'vn tapis si vaste & si parfait court à boüillons d'argent, vne fontaine rustique qui voit les bords de son lict émaillé de Iassemins, d'Orangers & de Mirtres, & ces petites fleurs qui se pressent tout alentour font croire quelles disputent à qui se mirera la premiere, à considerer sa face jeune & polie comme elle est, qui ne montre pas la moindre ride, il est bien-aisé de iuger qu'elle est encor dans le sein de sa mere, & les grands cercles dont elle se lie, & s'entortille en reuenant tant de fois sur soy mesme, tesmoignent que c'est à regret qu'elle se sent obligée de sortir de sa maison natale; mais i'admire sur toutes choses sa pudeur quand ie vois que comme si elle estoit honteuse de se voir caresser si proche de sa mere, elle repousse auec murmure les mains audacieuses qui la touchent. Le voyageur qui s'y vient rafraischir, courbât sa teste dessous l'onde, s'estonne qu'il soit grand iour sur son horison, pendant qu'il voit le Soleil aux Antipodes, & ne se panche iamais sur le bord qu'il n'ayt peur de tomber au Firmament : ie me laisserois choir auec cette fontaine au ventre de l'Estang qui la deuore, mais il est si vaste & si profond, que ie doute si mon imagination s'en pouroit sauuer à nage: i'obmetray les autres particularitez de vostre petit Fontaine-bleau puisqu'autrefois elles vous ont charmé comme moy & que vous les connoissez encore mieux ; mais sçachez cependant que ie vous y monstreray quelque chose qui sera nouueau, mesme aux inuentions de vostre Peintre, resoluez vous donc vne bonne fois à vous dépetrer des ambaras de Paris, vostre Concierge vous ayme tant qu'il iure de ne point tuer son grand cochon que vous ne soyez de retour, il se

promet

DE CAMPAGNE.

promet bien de vous faire dépouiller cette grauité dont vous morguez les gens auec vos illustres emplois; hier au soir il nous disoit à table, apres auoir vn peu trinqué que si vous luy parliez par tu, il vous répondroit par toy, & n'en doutez point puisqu'il eut la hardiesse de me soustenir que i'estois vn sot de ce que moy qui ne suis point á vos gages ie me disois.

MONSIEVR,

> Vostre obeïssant
> seruiteur.

I

AVTRE
POVR LES SORCIERS.
LETTRE. XII.

Monsievr,

Il m'est arriué vne si estrange auāture depuis que ie n'ay eu l'hōneur de vous voir, que pour y adiouster foy, il en faut auoir beaucoup plus, que ce persōnage qui par la force de la sienne, transporta des Montagnes. Afin donc de commancer mon histoire, vous sçaurez qu'hyer lassé sur mon lict de l'atention que i'a-uois prêtée à ce sot liure que vous m'auiez autrefois tant vanté, ie sortis à la promenade pour dissiper les sombres & ridicules imaginations dont le noir galimatias de sa science m'auoit remply, & comme ie m'efforçois à deprendre ma pensée de la memoire de ses contes obscurs, m'estant enfoncé dans vôtre petit bois apres vn quar-d'heure, ce me sem-

LES SORCIERS.

ble de chemin: l'aperceus vn manche de balet qui se vint mettre entre mes iambes & à califourchon, bon gré mal-gré que i'en eusse & ie me sentis enuoler par le vague de l'air, or sans me souuenir de la route de mon enleuement, ie me trouué sur mes pieds au milieu d'vn desert ou ne se rencontroit aucun sentier, ie repassé cent fois sur mes brisées; mais cette solitude m'estoit vn nouueau monde, ie resolus de penetrer plus loin; mais sans aperceuoir aucun obstacle i'auois beau pousser côtre l'air, mes efforts ne me faisoient rencôtrer par tout que l'impossibilité de passer outre: à la fin fort harassé, ie tombé sur mes genoux, & ce qui m'estôna dauantage, ce fut d'auoir passé en vn moment de midy à minuit, ie voyois les Estoiles luire au Ciel auec vn feu bluetant, la Lune estoit en son plein, mais beaucoup plus passe qu'à l'ordinaire; Elle éclipsa trois fois, & trois fois deuala de son cercle, les vents estoient paralitiques, les fontaines estoient muetes, les oyseaux auoient oublié leur ramage, les poissons se croyoient enchassez dans du verre, tous les animaux n'auoient de mouuement que ce qui leur en faloit pour trembler, l'horreur d'vn scilence effroyable, qui regnoit par tout, & par tout la Nature sembloit estre en suspens de quelque grande auanture, ie meslois ma frayeur à celle dont la face de l'Orison paroissoit agitée ; quand au clair de la Lune, ie vis sortir du fond d'vne cauerne vn grand & venerable vieillard vestu de blanc, le visage basané les sourcils touffus & releuez, l'œil effrayant la barbe renuersée par dessus les espaules, il auoit sur la teste vn chapeau de Verueinne & sur le dos vne ceinture tissuë de fougere de May, faite en tresses. A l'endroit du cœur, estoit atachée sur sa robe vne chauue souris à demy morte, & autour du col vn carcan, chargé de sept differentes pieres precieuses dont chacune portoit le caractere du planete qui le dominoit. Ainsi misterieusement habillé, portant à la main gauche vn vase fait en triangle plein de rosée, & de la droite vne houssine de Sureau en sceue, dont l'vn des bouts estant ferré d'vn mélange de tous les metaux ; l'autre seruoit de manche à vn petit encensoir : Il baisa le pied de sa grote, puis apres s'estre dechaussé, & araché en gromelant certains mots du creux de la poitrine, il aborda le couuert d'vn vieux chefne à reculons, à quatre pas duquel il creuſa trois cernes l'vn dans l'autre & la terre obeïſſante aux ordres du Negromantien, prenoit elle meſme en fremiſſant les figures qu'il vouloit y tracer. Il y graua les noms des intelligences, tant du ſiecle que de l'année, de la ſaiſon, du mois, de la ſemaine, du iour, & de l'heure, de meſme ceux de leurs Roys, auec leurs chifres differens chacun en ſa place propre, & les encenſa tous chacun auec leurs ceremonies particulieres. Cecy acheué il poſa ſon vaſe au milieu des cercles, le decouurit, mit le bout pointu de ſa baguete entre ſes dents, ſe coucha la face tournée vers l'Orient, & puis il s'endormit. Enuiron au milieu de ſon ſomeil, i'aperceus tumber dans le vaſe, cinq graines de fougere. Il les prit toutes quand il fut éueillé, en mit deux dans ſes oreilles, vne dans ſa bouche, l'autre qu'il replongea dans l'eau, & la cinquieſme il l'a ietta hors des cercles : Mais à peine celle-là fut-elle partie de ſa main, que ie le vis enuironné de plus d'vn million d'animaux, de mauuaiſe augure, tant d'inſectes que de parfaits : Il toucha de ſa baguete vn chat huant, vn Renard & vne Taupe, qui auſſi-toſt entrerent dans les cernes, en iettant vn formidable cry. Auec vn coufteau d'ayrain, il leur fendit l'eftomach, puis leur ayant araché le cœur, & enuelopé chacun dans trois feüilles de laurier, il les auala. Il fepara le foye, qu'il efpreignit dans vn vaiffeau de figure exagonne, cela fini il recommença les fuffumigations. Il mefla la rofée, & le fang dans vn baffin, y trempa vn gand de parchemin vierge, qu'il mit à fa main droite, & apres quatre ou cinq heurlemens horribles, il ferma les yeux, & commença les inuocations.

Il ne remuoit prefque point les levres, i'entendois neantmoins dans fa gorge, vn broüiffement comme de plufieurs voix entre-meflées. Il fut efleué de terre, à la hauteur d'vne palme, & de fois à d'autres, il atachoit fort attentiuement la veuë, fur longle indice de fa main gauche. Il auoit le vifage enflambé, & fe tourmentoit fort. En fuite de plufieurs contorfions epouuantables, il chut en gemiffant fur fes genoux; mais auffi-toft qu'il eut articulé trois paroles, d'vne certaine oraifon, deuenu plus fort qu'vn homme, il foutint fans vaciller, les monftrueufes fecouffes,

LES SORCIERS.

d'vn vent espouuantable, qui souffloit contre luy. Tantost par bouffées, tantost par tourbillons, ce vent, sembloit tascher à le faire sortir des cernes. Apres ce signe, les trois ronds tournerent sous luy. Cet autre, fut suiui d'vne gresle rouge comme du sang, & celuycy, fit encore place à vn quatriesme, beaucoup plus effroyable. C'estoit vn torrent de feu, qui brouïssoit en tournant, & se diuisoit par globes, dont chacun se fendoit en esclats, auec vn grand coup de tonerre.

Il fut le dernier, car vne belle lumiere blanche & claire, dissipa ces tristes Meteores. Tout au milieu, parut vn ieune homme, la iambe droite sus vn aigle, l'autre sus vn linx, qui donna au Magicien trois fioles, pleines de ie ne sçay quelle liqueur. Le Magicien luy presenta trois cheueux, l'vn pris au deuant de sa teste, les deux autres aux tempes, il fut frappé sur l'espaule d'vn petit baton, que tenoit le Fantosme, & puis tout disparut. Ce fut alors que les Estoilles blesmies, à la venuë du Soleil, s'vnirent à la couleur des Cieux. Ie m'allois remettre en chemin pour trouuer mon village, mais sur ces entrefaites, le Sorcier m'ayant enuisagé, s'aprocha du lieu où i'estois. Encor qu'il cheminast à pas lents, il fut plutost à moy, que ie ne l'aperceus bouger. Il estendit sous ma main, vne main si froide, que la mienne en demeura fort long-temps engourdie. Il n'ouurit ny la bouche ny les yeux, & dans ce profond silence, il me conduisit à trauers des mazures, sous les effroyables ruines d'vn vieux chasteau deshabité, où les siecles, depuis mille ans, trauailloient à mettre les chambres dans les caues.

Aussi-tost que nous fusmes entrés, vante-toy, me dit-il (en se tournant vers moy) d'auoir contemplé face à face le Sorcier Agrippa, & dont l'ame, (par metempsicose,) est celle, qui jadis animoit le sçauant Zoroastre, Prince des Bactriens. Depuis pres d'vn siecle, que ie disparus d'entre les hommes, ie me conserue ici par le moyen de l'or potable, dans vne santé, qu'aucune maladie n'a iamais interrompuë. De vingt ans, en vingt ans, i'auale vne prise de cette medecine vniuerselle, qui me rajeunit, restituant à mon corps, ce qu'il a perdu de ses forces. Si tu as consideré trois phioles, que m'a presente le Roy des Demons ignées, la premiere en est plaine,

la

LES SORCIERS.

la seconde de poudre de projection; & la troisiesme d'huille de talc. Au reste tu m'es bien obligé, puis qu'entre tous les mortels, ie t'ay choisi, pour assister à des mysteres, que ie ne celebre qu'vne fois en vingt-ans. C'est par mes charmes, que sont enuoyez quand il me plaist, les sterilitez ou les abondances. Ie suscite les guerres, en les allumans entre les Genies, qui gouuernent les Roys. I'enseigne aux Bergers la patenostre du Loup. I'aprens aux Deuins, la façon de tourner le sas. Ie fais courir les ardans, sur les marets, & sur les fleuues, pour noyer les voyageurs. I'excite les Fées, à danser au clair de la Lune. Ie pousse les ioüeurs, à chercher le tresle à quatre sous des gibets. I'enuoye à minuict, les esprits hors du Cimetiere, entortillez d'vn drap, demander à leurs heritiers, l'accomplissement des vœux, qu'ils ont fait à la mort. Ie commande aux demons, d'habiter les Chasteaux abandonnez, d'esgorger les passans qui y viendront loger, iusqu'à ce que quelqu'vn d'eux, les conseigne, de luy monstrer le tresor. Ie fais trouuer des mains de gloire aux miserables, que ie veux enrichir. Ie fais brûler aux voleurs, des chandelles de graisse de pandu, pour endormir les hostes, pendant qu'ils executent leur vol. Ie donne la pistolle volante, qui vient ressauter dans la pochete, quand on l'a employée. Ie donne aux laquais ces bagues, qui les font aller & reuenir de Paris à Orleans en vn iour. Ie fais tout renuerser, dans vne maison par des esprits folets, qui font culbuter les bouteilles, les verres, les plats, quoy que rien ne se casse, rien ne se respande, & qu'on ne voye personne. Ie montre aux vieilles à guerir la fiévre auec des paroles. Ie resueille les villageois la veille de S. Iean, pour cueillir son herbe à iûn & sans parler. I'enseigne aux Sorciers à deuenir loupsgaroux, Ie les force à manger les enfans sur le chemin, & puis les abandonne quand quelque caualier, leur coupant vne paste, (qui se trouue la main d'vn homme) ils sont reconnus & mis au pouuoir de la Iustice. I'enuoye aux personnes affligées vn grand homme noir, qui leur promet de les faire riches, s'ils se veulent donner à luy. I'aueugle ceux qui prênent des cedules, en sorte que quand ils demandent 30. ans de terme, ie leur fais voir le trois deuant l'o, que i'ay mis apres ie

LES SORCIERS. 75

tors le col, à ceux qui lisant dans le grimoires, sans le sçauoir, me font venir, & ne me donnent rien. Ie m'en retourne paisiblement d'auec ceux qui m'ayant apellé me donnent seulement vne sauate, vn cheueu, ou vne paille. I'emporte des Eglises qu'on dédie, les pierres qui n'ont pas esté payées. Ie ne fais paroistre aux personnes enuittees qui rencontrent les Sorciers allant au sabat qu'vne troupe de chats, dont le prince est Marcou. I'enuoye tous les confederez à l'offrande, & leur presente à baiser le cul du bouc, assis dessus vne escabelle. Ie les traite splendidement, mais auec des viandes sans sel. Ie fais tout éuanoüyr si quelqu'Estranger ignorant des coustumes, fait la benediction, & ie le laisse dans vn desert, au milieu des espines, à trois cens lieuës de son pays. Ie fais trouuer dans le lict des ribauts, aux femmes des incubes, aux hommes des succubes. I'enuoye dormir le cochemard, en forme d'vne longue piece de marbre, auec ceux qui ne se sont pas signez en se couchant; i'enseigne aux Negromantiens, à se deffaire de leurs ennemis, faisant vne image de cire, & la piquant ou la ietant au feu faire sentir à l'original, ce qu'ils

K ij

font souffrir à la copie. J'oste sur les Sorciers le sentiment, aux endroits, ou le belier les a marquez de son sceau. J'imprime vne vertu secrete à nolité fieri, quand il est recité à rebours qui empesche, que le beurre ne se fasse. J'instruis les paysans à mettre sous le seuil de la bergerie qu'ils veulent ruiner, vne toupe de cheueux, ou vn crapaut, auec trois maudissons, pour faire mourir étiques les moutons qui passent dessus; ie montre aux Bergers à noüer l'éguillete, le iour des nopces, lors que le Prestre dit *coniungo vos*; ie donne de l'argent qui se trouue apres des feüilles de chesne; ie preste aux Magiciens vn demon familier, qui les accompagne, & leur defend de rien entreprendre sans le congé de Maistre Martinet. J'enseigne pour rompre le sort, d'vne personne charmée, de faire pestrir le gasteau triangulaire de Saint Loup, & le donner par aumosne, au premier pauure qu'il trouuera. Ie gueris les malades du lougarou leur donnant vn coup de fourche iustement entre les deux yeux, ie fais sentir les coups aux Sorciers pourueu qu'on les batte, auec vn baston de sureau. Ie délie le moyne-bouru, aux Aduents de Noel, luy commande de

LES SORCIERS.

rouler comme vn tonneau, ou trainner à minuict les chaines dans les ruës, afin de tordre le col, à ceux qui metront la teste aux fenestres. I'enseigne la composition des breuets, des forts, des charmes, des sigilles, des Talismans, des miroirs magiques, & des figures coustellées. Ie leurs aprens à trouuer le guy de l'an neuf, l'herbe de fouruoyement, les gamahez, l'emplastre magnetique; i'enuoye le Gobelin; la mulle ferrée; le filourdi, le royhugon, le conestable, les hommes noirs, les femme blanches, les lemures, les farfadets, les larues, les lamies, les ombres, les manes, les spectres, les fantosmes, enfin ie suis le diable de Vauuert, le Iuif-errant, & le grand veneur de la Forest de Fontainebleau. Auec ces dernieres paroles le Magicien disparut, les couleurs des objets s'esloignerent, qu'vne large & noire fumée, couurit la face du climat, & ie me trouué sur mon lict, le cœur encor palpitant, & le corps tout froissé du trauail de l'ame. Mais auec vne si grande lassitude qu'alors que ie m'en souuiens, ie ne croy pas auoir la force d'eſcrire au bas de ma lettre, ie ſuis.

MONSIEVR,

Voſtre ſeruiteur.

AVTRE.
CONTRE LES SORCIERS.

LETTRE XIII.

Monsievr,

En bonne foy, ma derniere lettre ne vous a-t'elle point épouuanté? Quoy que vous en disiez, ie pense que le grand homme noir aura pû faire quelque émotion, sinon dans vostre ame, au moins dans quelqu'vn de vos sens. Voila ce que c'est de m'auoir autrefois, voulu faire peur des esprits, ils ont eu leur reuanche, & ie me suis vangé malicieusement de l'importunité, dont tant de fois vous m'auiez persecuté de reconnoistre les veritez de la Magie. Ie suis pourtant fasché de la fiévre qu'on m'a escrit, que cét horrible tableau vous a causée ; mais pour effacer ma

faute, ie le veux effacer à fon tour & vous
faire voir fur la mefme toile, la tromperie
de fes couleurs, de fes traits & de fes
ombres. Imaginez-vous donc qu'encore
que par tout le monde on ayt tant brûlé de
Sorciers, conuaincus d'auoir fait pact auec
le diable, que tant de miserables ayent a-
uoué fur le bucher d'auoir efté au fabat, &
que mefme quelques-vns dans l'interroga-
tion, ayent confeffé aux Iuges qu'ils auoient
mangé à leurs feftins des enfans qu'on a depuis à l'heure des condamnés, trouuez pleins
de vie & qui ne fçauoient ce qu'on leur vouloit dire, quand on leur en parloit, on ne
doit pas croire toutes chofes d'vn homme,
parce qu'vn homme peut dire toutes chofes,
car quand mefme par vne permiffion particuliere de Dieu, vne ame pouroit reuenir fur
la terre demander à quelqu'vn le fecours de
fes prieres, eft-ce à dire que des efprits ou
des intelligences, s'il y en a foient fi badines
que de s'obliger aux quintes écerueléess d'vn
vilageois ignorant, s'aparoiftre à chaque bout
de champ, felon que l'humeur noire fera
plus ou moins forte dans la tefte mal tim-
brée d'vn ridicule Berger, venir au Leües
comme

LES SORCIERS.

comme vn Faucon, sur le poing du Giboyeur qui le reclame, & selon le caprice de ce maraut dancer la guimbarde, ou les matassins. Non ie ne croy point de Sorciers encor que plusieurs grands personages n'ayent pas esté de mon aduis, & ie ne deffere à l'authorité de personne, si elle n'est accompagnée de raison, ou si elle ne vient de Dieu. Dieu qui tout seul doit estre crû de ce qu'il dit acause qu'il le dit. Ny le nom d'Aristote plus sçauant que moy, ny celuy de Platon, ny celuy de Socrate ne me persuadent point si mon iugement n'est conuaincu par raison de ce qu'ils disent : la raison seule est ma reyne, à qui ie donne volontairement les mains, & puis ie sçay par experiences que les esprits les plus sublimes ont chopé le plus lourdement, comme ils tombent de plus haut, ils font de plus grandes cheutes, enfin nos peres se sont trompez jadis, leurs neveux se trompent maintenant, les nostres se tromperont quelque iour ? N'embrassons donc point vne opinion, acause que beaucoup la tiennent, ou parce que c'est la pensée d'vn grand Philosophe ; mais seulement acause que nous voyons plus d'apparence qu'il soit ainsi que d'estre autrement. Pour moy ie me moque des Pedants qui n'ont point de plus forts arguments pour prouuer ce qu'ils disent, sinon d'alleguer que c'est vne maxime: comme si leurs maximes étoient bien plus certaines que leurs autres propositions; Ie les en croyray pourtant s'ils me montrent vne Philosophie, dont les principes ne puissent estre réuoquez en doute, desquels toute la Nature soit d'acord, ou qui nous ayent esté reuelez d'enhaut, autrement ie m'en moque, car il est aisé de prouuer tout ce qu'on veut quand on aiuste les principes aux opinions, & non pas les opinions aux principes. Outre cela quand il seroit iuste de defferer à l'authorité de ces grands hommes, & quand ie serois contraint d'auoüer que les premiers Philosophes ont establi ces principes, ie les forcerois bien d'auoüer à leur tour, que ces anciens là non plus que nous, n'ont pas toûjours escrit ce qu'ils ont crû: souuent les Loix & la Religion de leur pays, les a contraints d'acōmoder leurs preceptes à l'interest, & au besoin de la politique. C'est pourquoy on ne doit croire d'vn homme que ce qui est humain, c'est à dire possible & ordinaire, enfin ie n'admets point de Sorciers à moins qu'on me le prouue. Si quelqu'vn par des raisonnemens plus forts & plus pressans que les miens, me le peut démontrer, ne doutez point que ie ne luy dise, soyez Monsieur le biē venu, c'est vous que i'atendois, ie renonce à mes opinions, & i'embrasse les vostres, autrement qu'auroit l'habille par dessus le sot, s'il pensoit ce que pense le sot, Il doit suffire au peuple qu'vne grande ame fasse semblant d'acquiescer aux sentimens du plus grand nombre, pour ne pas resister au torrent, sans entreprendre de donner des menotes à sa raison : au contraire vn Philosophe doit iuger le vulgaire, & non pas iuger comme le vulgaire. Ie ne suis point pourtant si déraisonnable qu'apres m'estre soustrait à la tyrannie de l'authorité ; ie veuille establir la mienne sans preuue, c'est pourquoy vous trouuerez bon que ie vous aprenne les motifs que i'ay eu de douter de tant d'effects estranges qu'on raconte des esprits, il me semble auoir obserué beaucoup de choses bien considerables pour me débarasser de cette chimere. Premierement, on ne m'a quasi iamais recité aucune histoire de Sorciers, que ie n'aye pris garde qu'elle estoit ordinairement ariuée,

L ij

à trois ou quatre cent liëues de là. Cét esloignement me fit soupçonner, qu'on auoit voulu derober aux curieux, l'enuie & le pouuoir
de s'en informer. Ioignez à cela, que cette
bande d'hommes habillez en chats, trouuée
au milieu d'vne Campagne, sans tesmoins, la
Foy d'vne personne seule, doit estre suspecte
en chose si miraculeuse, pres d'vn village, il en
a esté plus facile de tromper des idiots. C'étoit
vne pauure vieille, elle estoit pauure la necessité la pû côtraindre à mentir pour de l'argent.
Elle estoit vieille, l'âge affoiblit la raison, l'âge
rend babillard : elle a inuenté ce conte pour
entretenir ses voisines: L'âge affoiblit la veuë,
elle a pris vn Liévre pour vn Chat. L'âge rend
timide : elle en a crû voir cinquante au lieu
d'vn. Car enfin il est plus facile, qu'vne de ces
choses soit arriuée, qu'on voit tous les iours
arriuer qu'vne auanture surnaturelle, sans raison & sans exemple. Mais de grace exami-
nons ces Sorciers pris.

Vous trouuerez que c'est vn Paysan fort
grossier, qui n'a pas l'esprit de se demesler des
filets dont on l'embarasse, à qui la grandeur
du peril assomme l'entendement en telle sorte,
qu'il n'a plus l'ame assez presente, pour se iusti-

fier, qui n'oferoit mefme refpondre pertinemment, de peur de donner à conclure aux preocupez, que c'eft le diable qui parle par fa bouche. Si cependant il ne dit mot, chacun crie qu'il eft conuaincu de fa confcience, & auffitoft le voila ietté au feu. Mais le diable eft-il fi fou, luy qui a bien pû autrefois le changer en chat, de ne le pas maintenant changer en mouche, afin qu'il s'enuole ? Les Sorciers (difent-ils) n'ont aucune puiffance, dés qu'ils font entre les mains de la Iuftice. O par ma foy, cela eft bien trouué; donc Mr Iean Guillot, de qui le pere a volé les biens de fon pupille, s'eft acquis par le moyen de 20000. efcus dérobez, que luy coûta fon Office de Iuge, le pouuoir de commander aux diables, vrayement les diables portent grand refpect aux Larons. Mais ces diables au moins deuoient efloigner ce pauure mal-heureux leur tres-humble feruiteur, quand ils fceurent qu'on eftoit en campagne pour le prendre. Car ce n'eft pas dôner courage à perfône de le feruir, d'abandôner ainfi les fiens; pour des natures qui ne fôt qu'efprits, elles font de grâds pas de Clerc. I'ay auffi remarqué, que tous ces Magiciens pretendus, font gueux comme des Diogenes.

L iij

O Ciel est-il donc vrays semblable, qu'vn homme s'exposast à brusler eternellement, sous l'esperance de demeurer pauure, hay, affamé, & en crainte continuelle de se voir griller en place publique; Satan luy donneroit, non des feüilles de chesne, mais des pistolles de poids, pour achepter des Charges, qui le metroient à couuert de la Iustice. Mais vous verrez, que les demons de ce temps cy, sont extrememement niays, & qu'il n'ont pas l'esprit, d'imaginer tant de finesses : ce malautru Berger, que vous tenez dans vos prisons, à la veille d'estre boüilly : sur quelles conuictions le condamnez-vous ? On l'a supris recitant la patenostre du loup ? ha de grace, qu'il la repete, vous ny remarquerez, que de grandes sotises, & moins de mal, qu'il ny en a dedans vne mort-diable, pour laquelle cependant on ne fait mourir personne. Outre cela dit-on, il a ensorcelé des troupeaux ? ou ce fut par parolles, ou par la vertu cachée de quelques poisons naturels. Par paroles, ie ne croy pas, que les vingt-quatre lettres de l'Alphabet, couuent dans la Grammaire, la malignité occulte, d'vn venin si present ny que d'ouurir la bouche, serrer les dents, apuyer la langue au palais, de telle ou telle façon, ayt la force, d'empester les moutons, ou de les guerir. Car si vous me respondez, que c'est a cause du pact: Ie n'ay point encor lû dans la chronologie, le temps auquel le diable accorda auec le genre humain, que quand on articuleroit de certains mots qui doiuent auoir esté specifiez au contract, il tûroit, qu'à d'autres il gueriroit, & qu'à d'autres il viendroit nous parler, & ie veux qu'il en eut passé le concordat, auec vn particulier: ce particulier là n'auroit pas le consentement de tous les hommes pour nous obliger à cét accord. A quelques sillabes toutefois, qu'vn lourdaut sans y penser, aura proferées, il auolera incontinent, pour l'effrayer, & ne rendra pas la moindre visite, à vne personne puissante, déprauée, illustre, spirituelle, qui se donne à luy de tout son cœur, & qui par son exemple, seroit cause de la perte de cent mille ames. Vous m'auouërez peut-estre, que les paroles magiques n'ont aucun pouuoir, mais qu'elles couurent sous des mots barbares, la maligne vertu des simples, dont tous les enchanteurs, empoisonnent le bestial. Hé-bien pourquoy donc, ne les faites vous mourir, en qualité d'empoisonneurs & non pas de sorciers. Ils confessent (repliquez-vous) d'auoir esté au sabat, d'auoir enuoyé des diables dans les corps de quelques persones, qui en effet se sont trouuéez demoniaques. Pour les voyages du sabat uicy ma creance, c'est qu'auec des huilles assoupissantes, dont ils se graissent, comme alors qu'ils veillent, ils se figurent estre bien tost emportez à califourchon, sur vn balet par la cheminée, dans vne sale ou l'on doit festiner, danser, faire l'amour, baiser le cul au bouc, l'imagination fortemét frappée de ces Phantosmes, leur represente dans le sômeil ces mesmes choses, comme vn balet entre les jambes, vne campagne qu'ils passent en volant, vn bouc, vn festin, des Dames, c'est pourquoy quand ils se reueillent, ils croyent auoir veu ce qu'ils ont songé. Quant à ce qui concerne la possession, ie vous en diray aussi ma pensée, auec la mesme franchise. Ie trouue en premier lieu, qu'il se rencontre dix mille femmes pour vn homme. Le diable seroit il vn ribaud, de chercher auec tant d'ardeur la couplement des femmes. Non non mais i'en deuine la cause, vne femme a l'esprit plus leger qu'vn homme

LES SORCIERS.

homme, & plus hardy par consequent, à resoudre des comedies de cette nature. Elle espere que pour peu de latin qu'elle escorchera, pour peu qu'elle fera de grimasses, de sauts, de capriolles, & de postures, on les croira toûjours beaucoup au dessus de la pudeur, & de la force d'vne fille : Et enfin elle pense estre si forte de sa foiblesse, que l'imposture estant descouuerte, on attribuera ses extrauagances, à quelques suffocations de matrice, ou qu'au pis aller, on pardonnera à l'infirmité de son sexe. Vous responderez peut-estre que pour y en auoir de fourbes, cela ne conclud rien contre cette qui sont veritablement possedées. Mais si c'est la vôtre nœud Gordien i'en seray bien tost l'Alexandre. Examinons-donc, sans qu'il nous importe, de choquer les opinions du vulgaire s'il y a autrefois eu des demoniaques, & s'il y en a aujourd'huy. Qu'il y en ayt eu autrefois, ie n'en doute point, puisque les liures sacrez assurent, qu'vne Caldéenne par art magique, enuoya vn demon dans le cadaure du Prophete Samuel, & le fit parler. Que Dauid conjuroit auec sa harpe, celuy dont Saül estoit obsedé. Et que nostre Sauueur

M

Iesus-Christ chassa les diables des corps de certains Hebreux, & les enuoya dans des corps de pourceaux. Mais nous sommes obligez de croire, que l'Empire du diable cessa, quand Dieu vint au monde. Que les Oracles furent estouffez, sous le berceau du Messie, & que Sathan perdit la parolle en Bethléem, l'influance alterée de l'Estoille des trois Roys, luy ayant sans doute causé la pupie. C'est pourquoy ie me moque de tous les énergumenes d'auiour-d'huy & m'en mocqueray iusqu'à ce que l'Eglise me commande de les croire. Car de m'imaginer, que cette penitente de Goffridy ; cette Religieuse de Loudun, cette fille d'Eureux soient endiablées, parce qu'elles font des culebutes, des grimasses, & des gambades, Scaramouche, colle, & Cardelin les metront à quia. Comment elles ne sçauent pas seulement parler latin. Lucifer a bien peu de soin de ses diables, de ne les pas enuoyer au College. Quelques-vnes répondent assez pertinemment, quand l'Exorciste declame vne oraison de Breuiaire, dont en quelque façon elles escorchent le sens, à force de le reciter, à moins de cela vous les voyez contrefaire les

LES SORCIERS.

enragées, feindre à tout ce qu'on leur presche, vne distraction d'esprit perpetuelle; & cependant, i'en ay surpris d'attentiues à guester au passage quelque verset de leur Office, pour respondre à propos, comme ceux qui veulent chanter à Vespres, & ne les sçauent pas, attendent à l'affust le *Gloria Patri, &c.* pour s'y égosiller. Ce que ie trouue encor de bien diuertissant, sont les méprises où elles s'embarassent quand il faut obeïr ou n'obeïr pas. Le conjurateur commandoit à vne de baiser la terre, toutes les fois qu'il articuleroit le sacré nom de Dieu: ce diable d'obeïssance, le faisoit fort deuotement: Mais comme il vint encor vn coup, à luy ordonner la mesme chose en autres termes, que ceux, dont-il vsoit ordinairement, (car il luy commanda par le fils Coeternel du Souuerain Estre,) ce nouice demoniaque, qui n'estoit pas Theologien, demeura plat, rougit, & se ietta aux iniures: Iusqu'à ce que l'exorciste l'ayant apaisé, par des mots plus ordinaires, il se remit à raisonner. I'obserue outre cela, que selon que le Prestre haussoit sa voix, le diable augmentoit sa cholere; bien souuent à des paroles de nul poids, a cause qu'il les auoit prononcées auec plus d'efclat: Et qu'au contraire, il aualoit doux comme laict, des exorcifmes, qui faifoient trembler, acaufe qu'eftant las de crier, il les auoit prononcez d'vne voix baffe. Mais ce fut bien pis, quelque temps apres, quand vn Abbé les conjura. Elles n'eftoient point faites à fon ftille, & cela fut caufe que celles, qui voulurent refpondre, refpondirent fi fort à contre fens, que ces pauures diables, au front de qui reftoit encor quelque pudeur, deuinrent tous honteux; & depuis en toute la iournée, il ne fut pas poffible de tirer vn méchant mot de leur bouche. Ils crierent à la verité fort long-temps, qu'ils fentoient l'a des incredules: qu'acaufe d'eux ils ne vouloient rien faire de miraculeux, de peur de les conuertir. Mais la feinte me fembla bien groffiere: car s'il eftoit vray, pourquoy les en auertir ? ils deuoient au contraire pour nous endurcir en noftre incredulité, fe cacher dans ces corps, & ne pas faire des chofes qui puffent nous defaueugler. Vous refpondez, que Dieu les force à cela, pour manifefter la Foy. Oüy mais ie ne fuis point conuaincu, ny obligé de croire que ce foit

LES SORCIERS.

le diable qui fasse toutes ces singeries, puis qu'vn homme les peut faire naturellement. De se contourner le visage vers les espaules ie l'ay veu pratiquer aux Bohemiens. De sauter qui ne le fait point, hors les paralitiques? De iurer, il ne s'en rencontre que trop. De marquer sur la peau, certains caracteres, ou des eaux, ou des pierres, colorent sans prodige nostre chair. Si les diables sont forcez comme vous dites, de faire des miracles afin de nous illuminer, qu'ils en fassent de conuaincants, qu'ils prennent les Tours de Nostre-Dame de Paris, où il y a tant d'incredules, & les portent sans fraction, dans la campagne Sainct Denis danser vne sarabande Espagnole. Alors nous serons conuaincus. l'ay pris garde encor, que le diable qu'on dit estre si médisant, ne les induit iamais, (au milieu de leurs grandes, fougues (ja médire l'vne de l'autre. Au contraire, elles s'entreportent vn tres grand respect, & n'ont garde d'agir autrement parce que la premiere offensée descouuriroit le mystere. Pourquoy, mon Reuerend Pere, n'instruit-on vostre procez, en consequence des crimes, dont le diable vous accuse? le diable (dites vous.) est Pere de mansonge, pourquoy donc l'autre iour fistes vous brûler ce Magicien, qui ne fut accusé que par le diable? Car ie respons comme vous, le diable est pere de mensonge. Auoüez, auoüez mon reuerendissime que le diable, dit vray, ou faux, selon qu'il est vtile à vostre malicieuse paternité. Mais bons Dieux, ie vois tressaillir ce diable quand on luy iette de l'eau beniste : est-ce donc vne chose si sainte qu'il ne la puisse souffrir sans horreur? Certes cela fait que ie m'estonne qu'il ait osé s'enfermer dans vn corps humain, que Dieu a fait à son image, capable de la vision du Tres-haut, reconnu son enfant, par la regeneration Baptismale, marqué des saintes huiles. Le Temple du Sainct Esprit & le Tabernacle de la saincte Hostie. Comment a-il eu l'impudence d'entrer en vn lieu qui luy doit estre bien plus venerable que de l'eau, sur laquelle on a simplement recité quelques prieres. Mais nous en aurons bonne issuë, ie voys le demoniaque qui se tempeste fort à la veuë d'vne Croix qu'on luy presente! ô Monsieur l'Exorciste que vous estes bon, ne sçauez-vous pas, qu'il ny a aucun endroit dans la Nature, où il ny ait des Croix, puis que par toute la matiere, il y a longeur, & largeur, & que la croix, n'est autre chose, qu'vne longueur considerée auec vne largeur. Qu'ainsi ne soit, cette Croix que vous tenez, n'est pas vne croix, a cause qu'elle est d'ebenne, cette autre n'est pas vne Croix a cause quelle est d'argent, mais l'vne & l'autre sont des Croix a cause que sus vne longueur, on a mis vne largeur qui la trauerse. Si donc cette energumene, a cent mille longueurs, & cent mille largeurs, qui sont toutes autant de Croix, pourquoy luy en presenter de nouuelles. Cependant vous voyez cette femme, qui pour en auoir approché les leures par force, contrefait l'interdite. O quelle piperie! Prenez prenez vne bonne poignée de verges, & me la foüetez en amy. Car ie vous engage ma parole, que si on cõdamnoit d'estre jettés à l'eau tous les energumenes, que cent coups d'estriuieres par iour n'auroiẽt peu guerir, il ne s'en n'oyeroit point. Ce n'est pas comme ie vous ay desia dit, que ie doute de la puissance du Createur, sur ses creatures: mais a moins d'estre conuaincu par l'authorité de l'Eglise, à qui nous deuons donner aueuglement les mains ie nõmeray tous ces grands effets de magie, la gazete des sots, ou le Credo de ceux

M iiij

qui ont trop de foy. Ie m'apercoy bien que ma lettre est vn peu trop longue, c'est le sujet qui m'a poussé au delà de mon dessein, mais vous pardonnerez cette inportunité à vne personne qui fait veu d'estre iusqu'à la mort de vous & de vos contes d'esprit.

MONSIEVR,

Le
Seruiteur
treshumble.

A MONSIEVR GERZAN,
SVR
SON TRIOMPHE
DES DAMES.

LETTRE XIV.

Monsievr,

Apres les éloges que vous donnez aux Dames, resolument ie ne veux plus estre homme; Ie m'en vay tout à l'heure porter ma chandelle au Pere Bernard, afin d'obtenir de ce pitoyable Sainct, ce qu'impetra l'Empereur Heliogabal, du Rasoir de ses Emperiques; puis que les miracles qu'exale tous les iours cette precieuse momie, sont si nombreux, qu'ils regorgent pardessus les murs de la Charité, iusque dans vostre Parnasse; Il n'est pas impossible qu'vn Bien-heureux fasse pour moy, ce que la plume d'vn mal-heureux Poëte a bien fait pour Tiresias; mais en tous cas, c'est à faire à me tronçonner d'vn coup de serpe, le morceau qui me fait porter vn caleçon, la sotte chose en effet, de ne se masquer qu'au Carnaual; ie ne l'eusse par ma foy pas crû, si vous ne m'eussiez enuoyé vostre Liure: O! que nostre Seigneur sçauoit bien ce que vous diriez vn iour là dessus, quant à la confusion de l'homme, il voulut naître d'vne femme, sans doute il connoissoit la dignité de leur sexe : C'est aussi vne marque éuidente de l'estime particuliere qu'il en a faite, de les auoir choisies pour nous porter, ne s'estant pas voulu fier de nostre jeunesse à nous mesmes; mais la nature aussi nous fait connoistre au partage de ses biens, qu'elle a voulu auantager la cadette au preiudice de l'aisnée, luy donnant la beauté, dont chaque trait est vne Armée qui va quand il luy plaist bouleuerser les Thrônes, déchirer les Diadémes, & traîner en seruitude les orgueilleuses puissances de la Terre; Que si comme nous, elles ne vaquent pas à massacrer des hommes, si elles ont horreur de porter au costé ce qui nous fait detester vn Bourreau ; c'est à cause qu'il seroit honteux que celles qui nous donnent à la lumiere, portassent dequoy nous la rauir; & parce aussi qu'il est beaucoup plus honneste de suer à la construction, qu'à la destruction de son espece : Donc, en matiere de visage, nous sommes de grands gueux ; & sur ma foy, de tous les biens de la Terre en general, ie les voy plus riche que nous ; puisque si le poil fait la principale distinction de la brute & du raisonnable, les hommes sont au moins par l'estomach, les jouës & le menton, plus bestes que les femmes : Malgré toutesfois ces muettes, mais conuaincantes predications de Dieu & de la Nature, sans vous, Monsieur, ce déplorable sexe alloit tomber sous le nostre ; vous qui tout caduc, & prest à choir de cette vie, auez releué cent mille Dames qui n'auoit point d'apuy : Qu'elles se vantent apres cela, de vous auoir donné le iour, quand elles vous auroient enfanté plus douleureusement que la mere d'Hercule, elles vous deuroient encore beaucoup à vous, qui non content de les auoir enfanté toutes ensembles, les auez fait triompher en naissant; Vne femme, à la verité, vous a porté neuf mois ; mais vous les auez toutes portées sur la teste de leurs ennemis; pendant vingt siecles, elles auoient combatu, elles auoient vaincu pendant vingt autres; & vous, depuis quatre mois seulement, leur auez decerné le Triomphe : Ouy, Monsieur, chaque periode de vostre Liure est vn Char de victoire, où elles triomphent plus superbement que les Scipions, ny les Cesar n'ont iamais fait dans Rome ; Vous auez fait de toute la Terre vn pays d'Amazonnes, & vous nous auez reduits à la quenoüille : Enfin, l'on peut dire, qu'auparauant vous, toutes les femmes n'estoient que des pions que vous auez mis à dame ; Nous voyons cependant que vous nous trahissez, que vous tournez casaque au genre masculin, pour vous ranger de l'autre ? Mais comment vous punir de cette faute ; Comment se resoudre à diffamer vne personne qui a fait entrer nos meres & nos sœurs dans son party ; Et puis, on ne sçauroit vous accuser de poltronnerie, vous estant rangé du costé le plus foible, ny vostre plume d'estre interessée, ayant commencé l'éloge des Dames en vn âge ou vous estes incapable d'en receuoir des faueurs : Confessez

pourtant, apres les auoir fait triompher, &
auoir triomphé de leur triomphe mesme,
que leur sexe n'eust iamais vaincu sans le secours du nostre: Ce qui m'estonne à la verité, c'est que vous ne leurs auez point mis en
main pour nous détruire les armes ordinaires ; Vous n'auez point cloüé des Estoilles
dans leurs yeux ; Vous n'auez point dressé
des montagnes de neiges à la place de leur
sein; L'or, l'yuoir, l'azur, le corail, les roses
& les lys, n'ont point esté les materiaux de
vostre bastiment, ainsi que tous nos Escriuains modernes, qui mal gré la diligence
que fait le Soleil, pour se retirer de bonne
heure, ont l'impudence de le dérober en plain
iour ; & des Estoilles aussi, que ie ne plains
pas, pour leur apprendre à ne pas tant aller la
nuit ; mais ny le feu, ny la flame, ne vous ont
point donné de froides imaginations : Vous
nous auez porté des bottes, dont nous igno-
rons la parade; Iamais homme n'a monté si
haut sur des femmes ; Enfin, ie rencontre
dans ce Liure des choses si diuinement con-
ceuës, que i'ay de la peine à croire que le
sainct Esprit fut à Rome quand vous le com-
posastes ; Iamais les Dames n'ont sorty de la

presse en meilleure posture, ny moy; Iamais mieux resolu de ne plus aller au Tombeau du Pere Bernard, pour voir vn miracle, puis que Monsieur de Gerzan loge à la porte de l'Eglise : O ! Dieux, encore vne fois, la belle chose, que vos Dames! Ha, Monsieur, vous auez tellement obligé le sexe par ce Panegyrique, que pour meriter aujourd'huy l'affection d'vne Reyne, il ne faut estre,

MONSIEVR,

Que vostre seruiteur.

AVTRE

LE DVELISTE

LETTRE XV.

Monsievr,

Quoy que ie me porte en homme qui créue de fanté, ie ne laiſſe pas d'eſtre malade depuis trois ſepmaines, que ma Philoſophie eſt tombée à la mercy des Gladiateurs : Ie ſuis inceſſament trauaillé de la tierce & de la carte : I'aurois perdu la connoiſſance du papier, ſi les Cartels s'écriuoient ſur autre choſe ; Ie ne diſcerne déja plus l'ancre d'auec le noir à noircir ; Et enfin, pour vous faire reſponce, i'ay preſque eſté forcé de vous eſcrire auec mon eſpée, tant il eſt glorieux d'eſcrire mal parmy des perſonnes, dont les plumes ne ſe taillent point : Il faudroit, ie penſe, que Dieu accomplit quelque choſe d'auſſi miraculeux, que le ſouhait de Caligula, s'il vouloit finir mes querelles ; Quand tout le genre humain seroit erigé en vne teste ; quand de tous les viuans il n'en resteroit qu'vn, ce seroit encore vn Duel qui me resteroit à faire: Vrayement, vous auriez grand tort de m'appeller maintenant le premier des hommes; car ie vous proteste qu'il y a plus d'vn mois que ie suis le second de tout le monde : Il faut bien que vostre départ ayant deserté Paris, l'herbe ayt cru par toutes les ruës, puis qu'en quelque lieu que i'aille, ie me trouue tousiours sur le pré : Cependant, ce n'est pas sans risque, mon portraict que vous fistes faire a esté trouué si beau, qu'il a pris possible enuie à la Mort d'en auoir l'original; Elle me fait à ce dessein mille querelles d'Allemand ; Ie m'imagine quasi quelquefois estre deuenu Porc-epic, voyant que personne ne m'approche sans se picquer ; & l'on n'ignore plus, quand quelqu'vn dit à son ennemy, qu'il faille faire piquer, que ce ne soit de la besongne que l'on me taille ? Ne voyez-vous pas aussi qu'il y a maintenant plus d'ombre sur nostre orison, qu'à vostre départ ; c'est à cause que depuis ce temps là ma main en a tellement peuplé l'Enfer, qu'elles regorgent

sur

sur la terre : A la verité, ce m'est vne consolation bien grande d'estre hay, parce que ie suis aimé, de trouuer par tout des ennemis, à cause que i'ay des amis par tout, & de voir que mon mal-heur vient de ma bonne fortune ; mais i'ay peur que cette démangeaison de gloire, ne m'inuite à porter mon nom iusqu'en Paradis : C'est pourquoy, pour éuiter à de si dangereuses propheties, ie vous conjure de venir promptement remettre mon Ame en son assiette de Philosophe ; car il me fâcheroit fort qu'à vostre retour, au lieu de me trouuer dans mon Cabinet, vous trouuassiez dans vne Eglise, Cy gist,

MONSIEVR,

Vostre
seruiteur.

SVR
VN RECOVVREMENT
DE SANTE'.

LETTRE XVI.

Monsievr,

Vous me permettrez bien de railler maintenant auec voſtre fiévre, puis qu'elle vous a tourné les talons ; par ma foy ie m'eſtonne qu'elle ait oſé jetter le gand à vn hardy Cheualier comme vous ; auſſi quelques brauours dont elle ait triomphé entrant dans la cariere, i'ay preueu la honte de ſa défaite; cependant tout le monde vous croyoit party pour les champs eliſées ; & deſia quelques-vns, qui ne ſont pas les plus chers de vos amis, vous publioient arriué dans l'affreuſe Cité, dont vous n'eſtiez pas encore aux Faux-bourgs. I'admire en verité, comment vous, qui choiſiſtez touſiours les choſes les plus

DE SANTE'. 107

faciles, n'y ayant qu'vne ajambée à faire de voſtre chambre à la Chappelle, ou dorment vos Anceſtres, vous ayez tourné bride auec tant de precipitation: Cependant, ie ſouſtiendray à la barbe de voſtre grād cœur, que vous auez agy en habile homme ; le giſte n'eſt pas bon, l'hoſte ny change point de draps; & quoy que le lict ſoit appuyé ſi ferme, qu'il ne puiſſe trembler que par vn tremblement de terre, la chambre eſt froide & caterreuſe, les ieuſnes s'y obſeruent perpetuels ; & quoy qu'à la Flamande on ait de la Bierre iuſques pardeſſus les yeux, on n'y boit que de l'Eau beniſte : Au reſte, vous n'y euſſiez pas trouué vne perſonne raiſonnable, ny de l'vn, ny de l'autre ſexe; car on n'y reçoit point des hommes, à moins qu'ils ayent perdu l'eſprit ; & pour les femmes, encore qu'elles ayent là vne bonne qualité, qu'elles n'ont pas icy, qui eſt de ſe taire, elles y ſont ſi laides en recompenſe, que la plus belle eſt camuſe ; Ne vous repentez donc point, quelque genereux que nous vous croyons, d'auoir vſé ſi à propos du priuilege de Normandie, les ombres de là bas ne ſont pas ſi charmants, que celles de vos allées couuertes; & ie vous pro-

O ij

teste qu'en moins d'vn clin d'œil, vous alliez faire vn voyage si esloigné, que vous n'eussiez pas esté de retour auant la Resurrection ; & moy-mesme en ce pays, ie n'aurois pas trouué vn homme qui eust voulu se charger de vous aller dire de ma part, que ie suis,

MONSIEVR,

Vostre
seruiteur.

LETTRES SATYRIQVES

DE Mʳ
BERGERAC DE CYRANO.

CONTRE VN POLTRON.

LETTRE I.

ONSIEVR,

Ie sçay que vous estes trop sage pour conseiller iamais vn duel ; c'est pourquoy ie vous demande vostre aduis sur celuy que i'ay resolu de faire ; car enfin (comme vous sçauez) l'honneur saly ne se laue qu'auec du sang. Hier ie fus appellé sot, & l'on s'émancipa de me donner vn soufflet en ma presence ; Il est vray que ce fut en vne compagnie fort

honnorable. Certains stupides, en matiere de démeslez, disent qu'il faut que ie perisse, ou que ie me vange. Vous Monsieur, dites-moy, vous mon plus cher amy, & que i'estime trop sage pour m'exciter à aucune action cruelle; Ne suis-je pas assez mal-traité de la langue, & de la main de ce poltron, sans irriter encore son espée; car quoy que ie sois mary d'estre appellé sot, ie serois bien plus fasché qu'on me reprochast d'estre deffunct: Si i'estois enfermé dans vn sepulchre, il pourroit à son aise & en seureté mal parler de mon courage; Ne feray-je donc pas mieux de demeurer au monde, afin d'estre tousiours present, pour le chastier quand sa temerité m'en donnera sujet. Infailliblement, ceux qui me conseillent la tragedie, ne iugent pas que si i'en suis la catastrophe, il se moquera de ma valeur : Si ie le tuë, on croira que ie l'ay chassé du monde, parce que ie n'osois y demeurer tant qu'il y seroit; Si ie luy oste la rapiere, on dira que i'apprehendois qu'il demeurast armé; Si nous demeurons égaux, à quoy bon se mettre au hazard du plus grand de tous les mal-heurs, qui est la mort, pour ne rien decider; Et puis, quand i'aurois l'estre du
Dieu

Dieu Mars, de sortir de ce combat à mon honneur, il pourroit au moins se vanter de m'auoir contraint à commettre vne insigne folie : Non, non, ie ne dégaisne point, c'est ... adre son ennemy, de vouloir par le moyen de la mort, ou l'esloigner de soy, ou s'esloigner de luy : pour moy, ie n'apprehende pas qu'il soit où ie seray ; il tient à gloire de n'auoir iamais redouté les Parques, s'il veut que ie le croye, qu'il se tuë ; j'iray consulter tous les Sages pendant soixante ou quatre-vingts ans, pour sçauoir s'il a bien-fait ; & si l'on me respond qu'ouy, alors ie tascheray d'en viure encore autant, pour faire le reste de mes iours penitence de ma poltronerie. Vous trouuerez peut-estre ce procedé fort estrange dans vn homme de cœur comme moy : Mais, Monsieur, à parler franc, ie trouue que la vie est vne si bonne chose, que i'aime mieux me tenir à ma carte, que de me mettre au hazard, en les broüillant, d'en auoir vne pire. Ce Monsieur le Matamore veut peut-estre mourir bien-tost, afin d'en estre quitte de bonne heure ; mais moy qui suis plus genereux, ie tasche de viure long-temps, au risque d'estre long-temps en estat de pouuoir mourir. Pen-

P

se-t'il se rendre fort recommandable, pour tesmoigner qu'il s'ennuye de ne pas retourner à la nuit sa premiere maison, est-ce qu'il a peur du Soleil ? Helas, le pauure bufle, s'il sçauoit qu'elle vilaine chose c'est que d'estre trespassé, rien ne le presseroit. Vn homme ne fait rien d'illustre, qui deuant trente ans met sa vie en danger, parce qu'il expose ce qu'il ne connoist pas ; mais lors qu'il la hazarde depuis cét âge-là, ie soustiens qu'il est enragé de la risquer, l'ayant connuë. Quant à moy, ie trouue le iour tres-beau, & ie n'aime point à dormir sous terre, à cause qu'on n'y voit goutte ; Qu'il ne s'enfle point pourtant de ce refus, car ie veux bien qu'il sçache que ie sçay vne botte à tuer, mesme vn Geant charmé, & qu'à cause de cela, ie ne veux point me battre de peur qu'on ne l'apprenne. Il y a cent autres raisons encor qui me font abhorer le duel ; Moy, j'irois sur le pré, & là fauché parmy l'herbe, m'embarquer possible pour l'autre monde ; Helas ! mes Creanciers n'attendent que cela pour m'accuser de banqueroute ; mais penseroit-il mesme m'auoir mis a iubé, quand il m'auroit osté la vie ; au contraire, i'en deuiendrois plus terrible, & ie suis as-

SATYRIQVES.

seuré qu'il ne pourroit me regarder quinze iours apres, sans que ie luy fisse peur : S il aspire toutefois à la gloire de m'auoir esgorgé, pourueu que ie me porte bien, ie luy permets de se vanter par tout d'estre mon bourreau; aussi bien quand il m'auroit tué, la gloire ne seroit pas grande, vne poignée de siguë en feroit bien autant. Il va s'imaginer, peut-estre, que la nature m'a fort mal-traité en me refusant du courage ; mais qu'il apprenne que la nature ne sçauroit nous joüer vn plus vilain trait, que de se seruir contre de celuy du fort; que la moindre puce en vie vaut mieux que le grand Alexandre decedé ; & qu'enfin, ie me sens indigne d'obliger des Torches benistes à pleurer sur mes armoiries : I'aime veritablement qu'on me flate de toutes les qualitez d'vn belle esprit, hormis de celle d'heureuse memoire, qui m'est insuportable, & pour cause ; Vne autre raison me deffend encore les batailles ; I'ay composé mon Epitaphe, dont la pointe est fort bonne, pourueu que ie viue cent ans ; & i'en ruïnerois la rencontre heureuse, si ie m'hazardois de mourir plus ieune : Adjoûtez à cela, que i'abhore sur toutes choses les maladies, & qu'il n'y a rien

P ij

plus nuisible que la mort à la santé; Ne vaut-il donc pas bien mieux s'encourager à deuenir poltron, que de se rendre la cause de tant de desastres; Ainsi (forts de nostre foiblesse) on ne nous verra iamais ny paslir ny trembler que d'apprehension, d'auoir trop de cœur. Et toy, ô! salutaire poltronerie, ie te vouë vn Autel, & ie promets de te seruir auec vn culte si deuot, que pour commancer dés aujourd'huy, ie dedie cette Epistre au lasche, le plus confirmé de tes enfans, de peur que quelque braue, à qui ie l'eusse enuoyée, ne se fut imaginé que i'estois homme à le seruir pour ces quatre meschants mots, qu'on est obligé d'escrire à la fin de toutes les Lettres; Ie suis,

MONSIEVR,

Vostre
seruiteur.

CONTRE
VN MEDISANT.
LETTRE II.

Monsievr,

Ie sçay bien qu'vne ame basse, comme la vostre, ne sçauroit naturellement s'empescher de médire ; aussi n'est-ce pas vne abstinance où ie vous vueille condamner ; La seule courtoisie que ie veux de vous, c'est de me déchirer si doucement, que ie puisse faire semblant de ne le pas sentir ; vous pouuez connoistre par là qu'on m'enuoye la Gazette du pays Latin ; Remerciez Dieu, de ce qu'il m'a donné vne ame assez raisonnable pour ne croire pas tout le monde de toutes choses, à cause que tout le monde peut dire toutes chofes ; autrement, i'aurois appliqué à vos maux de rate vn plus folide & plus puiffant antidote que le difcours ; Ce n'eft pas que i'aye iamais attendu des actions fort humaines d'vne perfonnes qui fortoit de l'humanité ; mais ie ne pouuois croire que voftre ceruelle eut fi generalement efchoüé contre les bancs de la Rethorique, que vous euffiez porté en Philofophie vn homme fans tefte. On auroit à la verité trouué fort eftrange, que dans vn corps fi vafte, voftre petit efprit ne fe fut pas perdu, auffi ne l'a-t'il pas fait longue ; & j'ay ouy dire qu'il y a de bonnes années que vous ne fçauriez plus abandonner la vie ; que voftre trefpas, accompagné de miracle, ne vous faffe canonifer : Ouy, prenez congé du Soleil quand il vous plaira, vous eftes affeuré d'vne ligne dans nos Litanies, quand le Confiftoire apprendra que vous ferez mort fans auoir rendu l'efprit ; mais confolez-vous, toutefois vous n'en durerez pas moins pour cela ; les Cerfs & les Corbeaux, dont l'efprit eft taillé à la mefure du voftre, viuent quatre cens ans ; & fi le manque de genie eft la caufe de leur durée, vous deuez eftre celuy qui fera l'Epi-

SATYRIQVES. 119

taphe du genre humain : C'est sans doute, en consequence de ce brutal instinct de vostre nature, que vous choisissez l'or & les pierres precieuses pour répandre dessus vostre venin ; Souffrez donc, encore que vous pretendiez vous soustraire de l'empire que Dieu a donné aux hommes sur les bestes, que ie vous commande de vomir sur quelque chose du plus salle que mon nom, & de vous ressouuenir (car ie croy que les animaux comme vous ont quelque reminiscence) que le Createur n'a donné à ceux de vostre espece vne langue que pour aualer, & non pas pour parler ; souuenez-vous en donc, c'est le meilleur conseil que vous puissiez prendre ; car quoy que vostre foiblesse fasse pitié, celle des poux & des puces, qui nous importunent, ne nous obligent pas à leur pardonner : Enfin cessez de mordre simulacre de l'enuie ; car quoy que ie sois peu sensible à l'injure, ie suis seuere à la punir, rien n'empescheroit la vertu d'vn Elebore, qu'on appelle en François Tricot, duquel pour vous monstrer que ie suis Philosophe (ce que vous ne croyez pas) ie vous chastierois auec si peu d'animosité, que le chapeau dans vne main , & dans l'autre vn baston , ie vous dirois en vous brisant les os ; Ie suis,

MONSIEVR,

Voftre
tres-humble.

A

A

MADEMOISELLE ****.

LETTRE III.

Mademoiselle,

Si tout le monde eſtoit obligé comme moy, pour faciliter la lecture de ſes Lettres, d'enuoyer de l'argent, les Balzacs n'auroient iamais eſcrit, & les aueugles ſçauroient lire; Mais quoy, ſi les miennes ne ſont eſclairées par la reflexion de l'or, de quelques Louys, vous n'y voyez que du noir de Grimoire; & quand meſme ie les aurois priſes dans Po-lexandre, ie ſuis aſſeuré d'auoir pour vous eſcrit en Hebreu; Ouurir la bouche, & mouuoir les lévres en toutes les façons neceſ-ſaires, à l'expreſſion de noſtre Langue, ne vous fait entendre que de l'Arabe : Pour vous parler François, il faut ouurir la main, ainsi ma bourse deuient chez moy le seul organe, par lequel ie vous puis esclaircir les difficultez de la Bible, & vous rendre les Centuries de Nostradamus aussi faciles que le *Pater*: Enfin, Mademoiselle, c'est de vous seule que l'on peut dire auec verité, point d'argent, point de Suisse, ie me console toutefois aisément de vostre humeur, parce que tant que vous ne changerez point, ie suis asseuré d'estre en puissance auec la Croix, de quelques pistoles, de chasser de vostre corps plus facilement qu'auec l'Eau beniste & l'exhorcisme, le Demon d'auarice : mais i'ay tort de vous reprocher vne si grande bassesse, ce sont au contraire des motifs de vertu qui vous font agir de la sorte ; car si vous tombez plus souuent sous la Croix, que les mal-faicteurs de Iudée, c'est parce que vous croyez pieusement que les iustes ne vous sçauroient rien demander iniustement, & que l'or, ce symbole de la pureté, ne vous sçauroit estre donné qu'auec des intentions tres pures. Ie pense mesme, comme vous estes, aussi bien que bonne Chrestienne, encore meilleure Françoise, que vous vous abaissez deuant tous ceux qui vous presentent les images de nos Roys, & que mesme, comme vous estes, d'vne probité exemplaire, qui ne veut faire tort à personne, vous estes tellement scrupuleuse à la distribution de vos faueurs, que vous appuyez dauātage sur les baisers de dix pistoles, que sur ceux de neuf : Cette œconomie ne me déplaist pas, car ie suis asseuré, tenant ma bourse dans vne main, de tenir vostre cœur dans l'autre : Tout ce qui me fasche, c'est de ce que cette chere Image, que vous iuriez autresfois auoir imprimée fort auant dans vostre cœur, vous l'a mettez hors de chez vous par les espaules, si-tost qu'elle y a demeuré trois iours sans payer son giste: Pour moy, ie pense que vous auez oublié la définition de l'homme, car toutes vos actions me prouuent que vous ne me prenez que pour vn animal, donnant ; Cependant, ie croyois estre par l'opinion d'Aristote vn animal raisonnable, mais ie voy bien qu'il me faut resoudre à cesser d'estre, ce que ie suis, du moment que ie cesse de foüiller à ma poche : Corrigez, ie vous prie, cette humeur qui conuient fort mal à voſtre ieuneſſe, & à cette generoſité, dont vous vous faites toute blanche ; car il vous eſt honteux d'eſtre à mes gages ; Moy qui ſuis,

MADEMOISELLE,

Voſtre
ſeruiteur.

SATYRIQVES.

AVTRE

LETTRE IV.

Monsievr,

Par l'affection que ie vous ay portée, dont vous estiez indigne, je vous ay fait meriter d'estre mon ennemy : Si les Philistins autrefois n'eussent laissé leurs vies sous le bras de Sanson, nous ne sçaurions pas aujourd'huy que la terre eut porté des Philistins ; Ils doiuent leur vie à leur mort ; & s'ils eussent vécu dix ans plus tard, ils fussent morts trente siecles plustost : Ainsi vous moissonnez malgré moy cette gloire de vostre lascheté, de m'auoir contraint de vous en punir : On me dira, ie le sçay bien, que pour auoir détruit vn pigmée, je n'attacheray pas à mon sort la matiere d'vne illustre Epitaphe : Mais à regarder sans interest le reuers du paradoxe,

Ce Marius qui fit en trois combats vn cymetiere à trois Nations, ne fut pas censé poltron, lors qu'il frappoit les grenoüilles du Marais, où il s'estoit jetté ; Et Socrate ne cessa pas d'estre le premier homme de l'Vniuers, quand il eut écrasé les poux qui le mordoient dans son cachot : Non, non, petit Nain, ne pensez pas estre quelqu'autre chose, essayez de vous humilier en vostre neant ; & croyez, comme vn article de Foy, que si vous estes encor aussi petit qu'au iour de vostre naissance, le Ciel l'a permis ainsi, pour empescher vn petit mal de deuenir grand : Enfin, vous n'estes pas homme ; & que Diable estes-vous donc ? Vous estes peut-estre vne momie que quelque farfadet aura volée à l'Escole de Medecine, pour en effrayer le monde : Encore, cela n'est-il point trop esloigné du vray-semblable, puis que si les yeux sont les miroirs de l'ame, vostre ame est quelque chose de bien laid ; cependant vous vous vantez de mon amitié : O ! Ciel, punisseur des heresies, chastiez celle-cy du Tonnere ; Ie vous ay donc aimé ! Ie vous ay donc porté mon cœur en offrande ; donc vous m'estimez sot au point d'auoir par charité donné mon ame au Diable; mais ce n'eſt pas de moy ſeul que vous auez médit; les plus chantoüillans éloges qui partent de vous ſont des Satyres; & Dieu ne vous eut point eſchapé, ſi vous l'euſſiez connû; Tout ce qui reſpire, intereſſé à la perte des monſtres, auroit deſia tanté mes bonnes graces par voſtre mort, mais il l'a neglige comme vn coup ſeur, ſçachant que vous auiez en moy ſeul,

Voſtre Partie,
Voſtre Iuge &
Voſtre Bourreau.

LETTRES

CONTRE
SOVCIDAS.
LETTRE V.

HE'! par la mort, Monsieur le Coquin, ie trouue que vous estes bien impudent de demeurer en vie, apres m'auoir offensé: Vous qui ne tenez lieu de rien au monde, ou qui n'estes au plus qu'vn clou aux fesses de la nature; Vous qui tomberez si bas, si ie cesse de vous soustenir, qu'vne puce en laischant la terre, ne vous distinguera pas du paué; Vous enfin, si sale & si puant, qu'on doute (en vous voyant) si vostre mere n'a point accouché de vous par le derriere; encores si vous m'eussiez enuoyé demander le temps d'vn *Peccaui*: Mais sans vous enquester si ie trouue bon que voyez encore demain, ou que vous mouriez des auiourd'huy, vous auez l'impudence de boire & de manger, comme si vous
n'estiez

n'estiez pas mort : Ha ! ie vous proteste de renuerser sur vous vn si long aneantissement, qu'il ne sera pas vray de dire que vous ayez iamais vécu ; Vous esperez sans doute m'atendrir par la dedicasse de quelque ennuyeux Burlesque ; Point, point, ie suis inexhorable, ie veux que vous mouriez tout presentement ; puis selon que ma belle humeur me rendra misericordieux, ie vous ressusciteray pour lire ma Lettre ; aussi bien quãd pour regagner mes bonnes graces, vous me dedicriez vne Farce, ie sçay que tout ce qui est sot ne fait pas rire, & qu'encore, que pour faire quelque chose de bien ridicule, vous n'ayez qu'à parler serieusement, vostre Poësie est trop des Hasles ; & ie pense que c'est la raison pourquoy vostre Iugement de Paris n'a point de debit : Donc, si vous m'en croyez, sauuez-vous au Bareau des ruades de Pegase, vous y serez sans doute vn Iuge incorruptible, puis que vostre iugement ne se peut achepter. Au reste, ce n'est point de vostre Libraire seul, que i'ay appris que vous rimassiez : Ie m'en doutois déja bien, parce que c'eut esté vn grand miracle, si les Vers ne s'estoient pas mis dans vn homme si corrompu : Vostre ha-

R

leine seule suffit à faire croire que vous estes d'intelligence auec la Mort, pour ne respirer que la peste ; & les muscadins ne sçauroient empescher que vous ne soyez par tout le monde en fort mauuaise odeur : Ie ne m'irrite point contre cette putrefaction, c'est vn crime de vos peres ladres : Vostre chair mesme n'est autre chose que de la terre creuassée par le Soleil, & tellement fumée, que si tout ce qu'on y a semé auoit pris racine, vous auriez maintenant sur les espaules vn grand bois de haute fustaye : Apres cela, ie ne m'estonne plus de ce que vous prouuez, qu'on ne vous a point encore connû ; Il s'en faut en effect plus de quatre pieds de crote, qu'on ne vous puisse voir : Vous estes enseuely sous le fumier auec tant de grace, que s'il ne vous manquoit vn pot cassé pour vous grater, vous seriez vn Iob comply. Ma foy, vous donnez vn beau démenty à ces Philosophes, qui se mocquent de la Creation. S'il s'en trouue encore, ie souhaitte qu'ils vous rencontrent ; car ie suis asseuré qu'apres vostre veuë, ils croiront aisément que l'homme peut auoir esté fait de bouë. Ils vous prescheront, & se seruiront de vous-mesme, pour vous retirer de ce mal-

heureux Ateifme où vous croupiffez. Vous
fçauez que ie ne parle point par cœur, & que
ie ne fuis pas le feul qui vous a entendu prier
Dieu, qu'il vous fit la grace de ne point croire
en luy. Comment, petit Impie, Dieu n'oferoit
auoir laiffé fermer vne porte quand vous
fuyez le baton, qui ne foit par vous aneanty;
& vous ne commencez à le recroire que pour
auoir contre qui iurer, quand vos des efcamotez
répondent mal à voftre auarice ; l'auouë
que voftre fort n'eft pas de ceux qui puiffent
patiemment porter la perte, car vous eftes
gueux côme vn Diogefne, & à peine le chaos
entier fuffiroit-il à vous raffafier, c'eft ce qui
vous a obligé d'affronter tât de monde : Il n'y
a plus moyen que vous trouuiez pour marcher
en cette Ville vne ruë non creanciere, à moins
que le Roy faffe bâtir vn Paris en l'air. L'autre
iour, au confeil de Guerre, on donna avis
à Monfieur de Turenne de vous mettre dans
vn Mortier, pour vous faire fauter comme
vne bombe dans fainéte Menehou, pour contraindre
en moins de trois iours, par la faim,
les Habitans de fe rendre : Ie penfe en verité
que ce ftratagefme-là reüffiroit, puis que voftre
nez, qui n'a pas l'vfage de raifon ; ce pau-

R ij

ure nez, le repofoir & le paradis des Chiquenaudes, femble ne s'eftre retrouffé que pour s'efloigner de voftre bouche affamée : Vos dents ? Mais bons Dieux ! ou m'embaraffay-ie, elles font plus à craindre que vos bras, leur chancre & leur longueur m'épouuante; auſſi bien quelqu'vn me reprocheroit que c'eſt trop berner vn homme, qui dit m'eſtimer beaucoup: Donc, ô plaifant petit Singe, ô Marionette incatnée, cela feroit-il poffible; mais ie voy que vous vous cabrez de ce glorieux fobriquet ! Helas demandez, ce que vous eſtes à tout le monde, & vous verrez fi tout le monde ne dit pas que vous n'auez rien d'homme, que la reſſemblance d'vn Magot; Ce n'eſt pas pourtant, quoy que ie vous compare à ce petit homme à quatre pates, ny que ie penfe que vous raifonniez auſſi bien qu'vn Singe ? Non, non, meſſer gambade; car quand ie vous contemple fi defcharné, ie m'imagine que vos nerfs font aſſez fecs & aſſez preparez pour exciter, en vous remuant, ce bruit que vous appellés parole;c'eſt infailliblemēt ce qui eſt caufe que vous jafez & fretillez fans interualle:Mais puifque parler y a, apprenez-moy, de grace, fi vous parlez à force de remuer, ou si vous remuez à force de parler ; ce qui fait soupçonner que tout le tintamarre que vous faites ne vient pas de vostre langue, c'est qu'vne langue seule ne sçauroit dire le quart de ce que vous dites; & que la pluspart de vos discours sont tellement esloignez de la raison, qu'on void bien que vous parlez par vn endroit qui n'est pas fort prés du cerueau : Enfin, mon petit gentil Godenot, il est si vray que vous estes toute langue, que s'il n'y auoit point d'impieté d'adapter les choses sainctes aux prophanes, ie croirois que sainct Iean prophetisoit de vous, quand il écriuit, que la parole s'estoit faite chair; Et en effet, s'il me falloit écrire autant que vous parlez, j'aurois besoin de deuenir plume; mais puis que cela ne se peut, vous me permettrez de vous dire adieu ; Adieu donc, mon camarade, sans compliment, aussi bien feriez-vous trop mal obey, si i'estois,

      Vostre
      seruiteur.

A

MONSIEVR DE V****.

LETTRE VI.

Monsievr,

Tant de careſſes de la fortune que i'ay perduës, en perdant voſtre amitié, me perſuadent enfin de me repentir d'auoir ſi fort cōtribué à ſa perte; & ſi ie ſuis en diſgrace, ie confeſſe que ie la merite pour ne m'eſtre pas conſerué plus ſoigneuſement, & l'eſtime & la veuë d'vne perſonne qui fait paſſer les moindres, dont il eſt viſité ſous le tiltre de Comtes & de Marquis: Certes, Monſieur, vous vous faites le pere de force grands Seigneurs, qui ne croyoient pas l'eſtre; & ie commence à m'apperceuoir que i'ay tort, d'auoir ainſi negligé ma fortune; car i'aurois poſſible gagné à ce jeu-là vne Principauté : Quelques-vns blasment cette humeur prodigue ; mais ils ne sçauent pas que ce qui vous engage à ces magnificences, est le passionné desir qui vous emporte pour la multiplication de la Noblesse; & que c'est pour cela, que ne pouuant mettre au iour de Gentils-hommes, selon la chair, vous en voulez du moins produire spirituellement : Les Autheurs Romanesque que vous connoissez, donnent bien des Empires à tel qui souuent n'auoit pas possedé deux arpens de terre ; mais vostre talent est si esgal au leur, qu'il vous met en droit d'vser des mesmes priuileges : On sçait assez que tous ces grands Autheurs ne parlent pas mieux que vous, puisque vous parlez tout comme eux, & qu'à chaque moment vous vomissez & Cassandre & Polexandre si crus, qu'on pense voir dans vostre bouche la papier dessous les paroles : Les Critiques murmurent que le grand bruit, dont vous esclatez, n'est pas la marque d'vn grand esprit ; que les vaisseaux vuides en excitent plus, que ceux qui sont pleins, & que peut-estre, à cause du concaue de vostre cerueau remply de rien, vostre bouche, à l'exemple des cauernes, fait vn écho mal distinct de tous les sons qui la frappent ; mais quoy il se faut consoler, celuy-là est encore à naistre, qui a sceu le moyen d'empescher l'enuie de mordre la vertu; car ie veux mesme, comme ils le disent, que vous ne fussiez pas vn grand genie, vous estes toutesfois vn grand homme ? Commēt vous estes capable par vostre ombre seule de noircir vn Ieu de Paulme tout entier; personne n'entend parler de vostre taille, qu'il ne croye qu'on fasse l'histoire d'vn Cedre ou d'vn Sapin ; & d'autres qui vous connoissent vn peu plus particulierment, prouuant que vous n'auez rien d'homme que le son de la voix, asseurent qu'ils ont appris par tradition que vous estes vn chesne transplanté de la forest de Doone : Ce n'est pas de mon avis qu'il portent ce iugement; au contraire, ie leur ay dit cent fois qu'il n'y auoit point d'apparence que vous fussiez vn chesne, puisque les plus sensez tombent d'accord que vous n'estes qu'vne busche ; Pour moy qui pense vous connoistre de plus longue main, je leur soustiens qu'il est tout à fait esloigné du vray-semblable, d'imaginer que vous soyez vn arbre; car encor que cette partie superieure de vostre tout (qu'à cause du lieu de sa scituation

on

on appelle voſtre teſte) ne faſſe aucune fonction raiſonnable ny meſme ſenſitiue ; ie ne me perſuade pas pourtant qu'elle ſoit de bois, mais ie m'imagine qu'elle a eſté priuée de l'vſage des ſens, à cauſe qu'vne ame humaine n'eſtant pas aſſez grande pour animer de bout en bout vn ſi vaſte colloſſe, la nature s'eſt trouuée contrainte de laiſſer en friche la region d'enhaut ; Et en effet, y a-il au monde quelqu'vn qui ne ſçache que quand elle logea, ce qu'en d'autres on nomme l'eſprit dans voſtre corps demeſuré, elle eut beau le tirer & l'allonger, elle ne pût iamais le faire arriuer iuſqu'à voſtre ceruelle ; Vos membres meſme ſont ſi prodigieux, qu'à les conſiderer on croit que vous auez deux Geants pendus au bas du ventre, à la place de vos cuiſſes; & vous auez la bouche ſi large, que ie crains quelquefois que voſtre teſte ne tombe dedans ; En verité, s'il eſtoit de la Foy de croire que vous fuſſiez homme, i'aurois vn grand motif à ſoupçonner, qu'il a donc fallu mettre dans voſtre corps pour luy donner la vie, l'ame vniuerſelle du monde. Il faut en effet que vous ſoyez quelque choſe de bien ample, puis que toute la Communauté des Fripiers eſt oc-

S

cupée à vous vestir, ou bien que ces gens-là qui cherchent le debit, ne pouuant amener toutes les ruës de Paris à la Hasle, ayēt chargé sur vous leurs guenilles, afin de promener la Hasle par tout Paris : Au reste, ce reproche ne vous doit point offenser, au contraire il vous est aduantageux ; il fait connoistre que vous estes vne personne publique, puis que le public vous habille à ses despens, & puis assez d'autres choses vous rendent considerable ; Ie dis mesme, sans mettre en ligne de compte, que comme de l'espaisseur de la Vase du Nil, ensuite de son débordement, les Egyptiens iugent de leur abondance ; on peut suputer par l'espaisseur de nostre en bon point, le nombre des embrassements illegitimes qui se font faits en vostre Faux-bourg : Et enfin, à propos d'arbre, à qui ie vous comparois tantost, on dit que vous en estes vn si fertil, qu'il n'y a point de iour que vous ne produisiez; mais ie sçay bien que ces sortes d'injures passent fort loin de vous, & que vos calomniateurs n'eussent osé vous soustenir en face tant d'injures, du temps que la troisiesme peinture des Cartes estoit vostre pourtraict, vous trainiez alors vne brette, qui vous auroit vangé de ces calomniateurs ; ils ne vous eussent pas accusé, comme aujourd'huy, d'effronterie en vn estat de condition où vous changiez si souuent de couleur. Voilà, Monsieur, les peaux d'Asnes à peu prés, dont ils persecutent vostre deplorable renommée : I'en ferois l'Apologie vn peu plus longue, mais la fin du papier m'oblige de finir ; Permettez donc que ie prenne congé de vous, sans les ceremonies accoustumées, parce que ces Messieurs qui vous méprisent fort, & dont ie fais beaucoup d'estime, penseroient que ie suis le valet du valet des Tambourineux, si j'auois mis au bas de cette Lettre, que ie suis,

MONSIEVR,

Vostre
seruiteur.

S ij

CONSOLATION
POVR
VN DE SES AMYS,
SVR L'ETERNITE'
DE SON BEAV-PERE.

LETTRE VI.

M ONSIEVR,

La faculté bien mieux que moy, vous mettra quelque iour à couuert de la vie de ce personnage, laissez-là donc faire, elle a des bras dont personne ne pare les coups : Vous me répondrez, sans doute, qu'il a passé déja plus de dix fois le temps de mourir, que la Parque ne s'est pas souuenuë de luy, & que maintenant qu'elle a tant marché depuis, elle sera

honteuse & paresseuse de reuenir l'apprendre si loin : Non, non, Monsieur, esperez
tousiours iusqu'à ce qu'il ait passé neuf cens
ans, l'âge de Mathusalem ; mais enfin parlez
luy sans cesse en grondant ; criez, pestez, ton-
nez dans sa maison, croissez par tout à ses
yeux, & faites en sorte qu'il se dépite contre
le iour, n'est-il pas temps aussi bien qu'il fasse
place à d'autres ; Comment Artephius & la
Sibille Cumée, au prix de luy, n'ont fait que
semblant de viure, il naquit auparauant que
la mort fut faite ; & la Mort, à cause de cela,
n'oseroit tirer sur luy, parce qu'elle craint de
tuer son pere; & puis mesme quand cette consideration ne l'empescheroit pas, elle le void
si foible de vieillesse, qu'il n'auroit pas la force de marcher iusqu'en l'autre monde ; Et ie
pense qu'vne autre raison encore le fait demeurer debout, c'est que la mort qui ne luy
voit faire aucune action de vie, le prenant
plustost pour vne statuë que pour vn viuant,
pense qu'il est du deuoir, ou du temps, ou de
la fortune, de la faire tomber. Apres cela,
Monsieur, ie m'estonne fort que vous disiez
qu'estant prest de fermer le cercle de ses iours,
& arriuant au premier point dont il est party,

S iij

il redeuienne enfant : Ha ! vous vous moc-
quez, & pour moy ie ne sçaurois pas mesme
m'imaginer qu'il l'ait iamais esté, quoy luy
petit garçon ? non, non, il ne le fut iamais, ou
Moïse s'est trompé au calcul qu'il a fait de la
creation du Monde : S'il est permis toutefois
de nommer ainsi tout ce qui peut à peine faire
les fonctions d'vn enfant, ie vous donne les
mains, car il faut en effet qu'il soit plus ignorant qu'vne plante mesme, de ne sçauoir pas
mourir, chose que tout ce qui a vie sçait faire
sans Precepteur. O ! que n'a-t'il esté connu
d'Aristote, ce Philosophe n'eust pas définy
l'hôme animal raisonnable ; Ceux de la secte
d'Epicure, qui démontrēt que les bestes vsent
de la raison, en doiuent excepter celle là, encore s'il estoit bien vray qu'il fust beste : Mais,
helas ! dans l'ordre des estres animez, il est
vn peu plus qu'vn Artichault, & vn peu moins
qu'vn Huistre à l'escaille ; de sorte que i'aurois
crû, si ce n'estoit que vous le soupçonnez de
ladrerie, qu'il est, ce qu'on appelle la plante
sensitiue. Auoüez donc que vous auez tort
de vous ennuyer de sa vie, il n'a pas encore
vécu, il n'a que dormy, attendez au moins
qu'il ait acheué vn somme, estes-vous asseuré

qu'on ne luy ait pas dit que le sommeil & la mort sont freres ; il fait peut-estre scrupule (ayant bonne conscience) apres auoir joüy de l'vne, auoir affaire à l'autre ? N'inferez pas cependant, ensuite de cela, que ie vueille prouuer par cette enfilade, que le personnage dont il est question, soit vn sot homme, point du tout, il n'est rien moins qu'homme; car outre qu'il nous ressemble par le Baptesme, c'est vn priuilege dont joüyssent, aussi bien que luy, les Cloches de sa Parroisse. Ie parlerois de cette vie iusqu'à la mort, pour soulager vostre ennuy ; mais le sommeil commance de causer à ma main de si grandes foiblesses, que ma teste, par compagnie, tombe sur mon oreille. Ha ! par ma foy, ie ne sçay plus ce que i'escris, Adieu, bon soir,

MONSIEVR,

       Vostre
       seruiteur.

LETTRES

CONTRE
VN PILLEVR
DE PENSEE.

LETTRE VII.

MONSIEVR,

Puis que nostre amy butine nos pensées, c'est vne marque qu'il nous estime, il ne les prendroit pas s'il ne les croyoit bonnes; & nous auons grand tort de nous estomaquer de ce que n'ayant point d'enfans, il adopte les nostres; Pour moy, ce qui m'offence en mon particulier (car vous sçauez que i'ay vn esprit vangeur de torts, & fort enclin à la justice distributiue) c'est de voir qu'il attribuë à son ingrate imagination les bons seruices que luy rend sa memoire, & qu'il se dise le pere de
milles

milles hautes conceptions, dont il n'a esté au plus que la Sage-femme; Alons, Monsieur, apres cela nous vanter d'escrire mieux que luy, lors qu'il escrit tout comme nous, & tournons en ridicule, qu'à son aage il ait encore vn escriuain chez luy, puis qu'il ne nous fait point en cela d'autre mal que de rendre nos œuures plus lisibles ; nous deurions au contraire receuoir auec respect tant de sages aduertissemens moraux, dont il tasche de reprimer les emportemens de nostre ieunesse; Ouy, certes, nous deurions y adjouster plus de foy, & n'en douter non plus que de l'Euangile ; car tout le monde sçait que ce ne sont pas des choses qu'il ait inuentées ; A la verité d'auoir vn amy de la sorte, c'est entretenir vne Imprimerie à bon marché ; pour moy ie m'imagine, en dépit de tous ses grands manuscrits, que si quelque iour apres la mort, on inuentorie le Cabinet de ses Liures, c'est à dire de ceux qui sont sortis de son genie, tous ces ouurages ensemble ostant ce qui n'est pas de luy, composeront vne Bibliotecque de papier blanc. Il ne laisse pas de vouloir s'attribuer les dépoüilles des morts, & de croire inuenter ce dont il se souuient ; mais de cette

T

façon il prouue mal la noble extraction de ses pensées de n'en tirer l'antiquité que d'vn homme qui vit encore; mais il veut par la conclure à la Metempsicose, & monstrer que quand il se seruiroit des imaginations de Socrate, il ne les voleroit point, ayant esté jadis ce mesme Socrate, qui les imagina ; & puis n'a-t'il pas assez de memoire pour estre riche de ce bien là seul ? Comment il l'a si grande, qu'il se souuient de ce qu'on a dit trente siecles auparauant qu'il fut au monde : Quant à moy qui suis vn peu moins souffrant que les morts, obtenez de luy qu'il me permette de datter mes pensées, afin que ma posterité ne soit point douteuse : il y eut iadis vne Deesse Echo, celuy-cy sans doute doit estre le Dieu ; car de mesme elle, il ne dit iamais que ce que les autres ont dit, & le repete si mot à mot, que transcriuant l'autre iour vne des mes Lettres (il appelloit cela composer, il eut toutes les peines du monde à s'empescher de mettre, Vostre seruiteur Beaulieu, parce qu'il y ait au bas,

Vostre seruiteur,
DE BERGERAC.

AVTRE
Sur le mesme Sujet.

LETTRE VII.

MONSIEVR,

Apres auoir eschauffé contre nous cét homme qui n'est que flegme, n'apprehendons nous point qu'vn de ces iours on nous accuse d'auoir bruslé la riuiere ; cét esprit aquatique murmure continuellement comme les fontaines, sans que l'on puisse entendre ce qu'il dit, Ha ! Monsieur, que cét homme me fait preuoir à la fin des siecles vne estrange auanture, & c'est que s'il ne meurt qu'au bout de sa memoire, les Trompettes de la Resurrection n'auront pas de silence, cette seule faculté dans luy ne laisse point de place aux autres; & il est vn si grand persecuteur du sens commun, qu'il me fait soupçonner que le Iugement vniuersel n'a esté promis que pour en faire auoir aux personnes comme luy, qui n'en ont point eu de particulier, Et à vous parler ingenument quiconque le fera sortir du monde aura grand tort, puis qu'il l'en fera sortir sans raison; mais cependant il parle autant que tous les Liures, & tous les Liures semblent n'auoir parlé que pour luy; il n'ouure iamais la bouche que nous n'y trouuions vn larcin, & il est si accoustumé à ne mettre au iour son pillage, que mesme quand il ne dit mot, c'est pour dérober cela aux Muets? Nous sommes pourtant de faux braues, & nous partageons auec injustice les auantages du combat, nostre esprit ayāt trois facultez de l'opposer au sien, qui n'en a qu'vne;c'est pourquoy s'il a dans la teste beaucoup de vuide, on luy doit pardonner, puis qu'il n'a pas esté possible à la nature de la remplir auec le tiers d'vne ame raisonnable, en recompense il ne l'a laissé pas dormir, il l'a tient sans cesse occupée à dépoüiller : Et ces grands Philosophes, qui croyoiēt s'estre mis par la pauureté qu'ils professoit, à couuert d'imposts & de contributiōs, luy doiuent par iour chacun, iusqu'au plus

SATYRIQVES.

miserable vne rente de dix pensées, & ce Maltotier de conceptions n'en laisse pas eschaper vn qu'il ne taxe aux aisez, selon l'estenduë de son reuenu; ils ont beau se cacher dans l'obscurité, il les sçait bien trouuer, & les fait bien parler François, encore ont-ils souuent le regret de voir confisquer leurs œuures toutes entieres, quand ils n'ont pas le moyen de payer leur taxe, mais il continuë ces brigandages en seureté; car il sçait que la Grece & l'Italie releuant d'autres Princes que du nostre, il ne sera pas recherché en France des larcins qu'il aura faits chez eux. Ie croy mesme qu'il pense, à cause que les Payens sont nos ennemis, ne pouuoir rien butiner sur eux qui ne soit pris de bonne guerre: Voila, Monsieur, ce qui est cause que nous voyons chaque page de ses Epistres estre le cymetiere des viuants & des morts, ne doutez point apres cela, que si au iour de la consommation des siecles, chacun reprend ce qui luy appartient. Le partage de ces escrits sera la derniere querelle des hommes, apres auoir esté dans nos conuersations cinq ou six iours à la fust aux pensées, plus chargé de pointes qu'vn Porc-espic, il les vient ficher dans ces Epigrames & dans ces Sonets comme des éguilles dans vn ploton ; Cependant il se vante qu'il n'y a rien dans ses escrits qui ne luy appartienne aussi iustement, que le papier & l'ancre qu'il a payez ; que les vingt-quatre lettres de l'Alphabet sont sont à luy comme à nous, & la disposition par consequent ; & qu'Aristote estant mort, il peut bien s'emparer de ses Liures, puisque ses terres, qui sont des immeubles, ne sont pas aujourd'huy sans Maistres; mais apres tout cela, quelquesfois quand on luy trouue le manteau sur les espaules, il l'adopte pour sien, & proteste de n'auoir iamais logé dans sa memoire que ses propres imaginations ; pour cela il se peut faire ses escrits, estants l'Hospital où il retire les miennes ? Si maintenant vous me demandez la définition de cét homme, ie vous respondray que c'est vn Echo qui s'est fait penser de la courte haleine, & qui auroit esté muet, si ie n'auois iamais parlé ? Pour moy, ie suis vn miserable pere, qui pleure la perte de mes enfans ; Il est vray que de ses richesses il en vse fort genereusement, car elles sont plus à moy qu'à luy : Et il est encores vray que si l'on y mettoit le feu, en y jettant de l'eau, ie ne sauuerois que mon bien, c'est pourquoy ie me retracte de tout ce que ie luy ay reproché ? De quelle faute, en effet, puis-ie accuser vn innocent qui n'a rien fait, ou qui (quoy qu'il ait fait) ne l'a fait enfin qu'apres moy : Ie ne l'accuse donc plus, nous sommes trop bons amis, & i'ay tousiours esté si joint à luy, qu'on ne peut pas dire qu'il ait iamais trauaillé à quelque chose où ie n'aye esté attentif. Ses ouurages estoient mes seules pensées, & quand ie m'occupois à imaginer, ie songeois à ce qu'il deuoit escrire : Tenez donc, ie vous supplie pour asseuré, que tout ce que ie semble auoir reproché cy-dessus à sa mandicité, est seulement pour le prier qu'il espargne ses ridicules comparaisons de nos peres, car ce n'est pas le moyen de deuenir, comme il l'espere, Escriuain sans comparaison, puisque c'est vne marque d'auoir bien de la pente au larcin, de dérober iusqu'à des guenilles, & de n'auoir pour toute finesse de bien dire, que des comme, des de mesmes, ou des tout ainsi? Comment la foudre n'est pas assez loing de ses mains dans la moyenne region de l'air, ny les torrents de trace assez rapides pour empescher qu'il ne les destourne iusqu'en ce Royaume, pour les marier par force à ses comparaisons, Ie ne vois par le motif de ce mauuais butin, si ce n'est que ce flegmatique, de peur de laisser croupir ses aquatiques pensées, essaye d'en former des torrents, craignant qu'elles ne se corrompent, ou qu'il veut eschauffer ses froides rencontres auec le feu des esclairs & des tonners : Mais puis qu'enfin, pour tout ce que ie luy sçaurois dire, il ne vainquera pas les tyranniques malignitez de sa Planette; & puisque cette inclination de Filou le gourmande auec tant d'empire, qu'il glanne au moins sur les bons Autheurs ; car quel butin pretend-il faire sur vn miserable comme moy, il ne se chargera que de vetilles ; Cependant il consomme & les nuicts & les iours à me dépoüiller depuis les pieds iusqu'à la teste; & cela est si vray, que ie vous feray voir dans toutes ses lettres le commencement & la fin des miennes, Ie suis,

MONSIEVR,

Vostre
seruiteur.

AVTRE

CONTRE
VN GROS HOMME.
LETTRE IX.

ENfin, gros homme, ie vous ay veu, mes prunelles ont acheué sur vous de grands voyages; & le iour que vous éboulâtes corporellement iufqu'à moy, i'eus le temps de parcourir voftre hemifphére, ou pour parler plus veritablement, d'en découurir quelques cantons : Mais comme ie ne fuis pas tout feul les yeux de tout le monde, permettez que ie donne voftre portraict à la pofterité, qui vn iour fera bien aife de fçauoir comment vous efticz fait : On fçaura donc en premier lieu, que la nature qui vous ficha vne tefte fur la poitrine, ne voulut pas expreffément y mettre de col, afin de le dérober aux malignitez de voftre horofcope; que voftre ame eft fi groffe, qu'elle feruiroit bien de corps à vne perfonne vn

V

peu déliée ; que vous auez, ce qu'aux hommes on appelle, la face si fort au dessous des épaules, & ce qu'on appelle les espaules si fort au dessus de la face, que vous semblez vn sainct Denys portant son chef entre ses mains : Encore ie ne dis que la moitié de ce que ie voy, car si ie descends mes regards iusqu'à vostre bedaine, ie m'imagine voir aux Limbes tous les Fidels dans le sein d'Abraham, Saincte Vrsule, qui porte les vnze mil Vierges enuelopées dans son manteau, ou le cheual de Troye farcy de quarante mille hommes ; Mais ie me trompe, vous estes quelque chose de plus gros, ma raison trouue bien plus d'apparence, à croire que vous estes vne loupe aux entrailles de la nature, qui rend la terre iumelle : Hé ! quoy, vous n'ouurez iamais la bouche qu'on ne se souuienne de la fable de Phaëton, où le Globe de la Terre parle; ouy le Globe de la Terre; Et si la Terre est vn animal, vous voyant aussi rond & aussi large qu'elle, ie soustiens que vous estes son masle, & qu'elle a depuis peu accouché de l'Amerique, dont vous l'auiez engrossée : Hé ! bien, qu'en dites-vous, le portraict est-il ressemblant, pour n'y auoir donné qu'vne touche;

par la description de vostre sphere de chair, dont tous les membres sont si ronds, que chachun fait vn cercle, & par l'arondissement vniuersel de vostre épaisse masse, n'ay-ie pas appris à nos nepueux que vous n'estiez point fourbe, puis que vous marchez rondement? Pouuois-ie mieux conuaincre de mensonge, ceux qui vous menassent de pauureté, qu'en leur faisant voir à l'œil que vous roulerez tousiours : Et enfin, estoit-il possible d'enseigner plus intelligiblement, que vous estes, vn miracle, puisque vostre gras-embonpoint vous fait prendre par vos spectateurs pour vne longe de veau qui se proméne sur ses lardons. Ie me doute bien que vous m'objecterez qu'vne Boule, qu'vn Globe, ny qu'vn morceau de chair ne sont pas des ouurages, & que la belle Sidon vous a fait triompher sur les Theatres de Venise : Mais entre-vous & moy, vous en connoissez l'encloüeure ; il n'y a personne en Italie, qui ne sçache que cette tragedie est la Corneille d'Esope ; que vous l'auez sceuë par cœur auparauant que de l'auoir inuentée, estant tirée *de l'a minte du Pastor fide de Guarini*, du Caualier Marin, & de cent au-

V ij

tres; on la peut appeller la piece des pieces; & que vous seriez non seulement vn Globe, vne Boule & vn morceau de chair; mais encore vn miroir qui prend tout ce qu'on luy montre, n'estoit que vous representez trop mal la dette: Sus-donc, confessez, ie n'en parleray point; au contraire, pour vous excuser, ie diray à tout le monde que vostre Reyne de Cartage doit estre vn corps composé de toutes les natures; parce qu'estant d'Affrique, c'est de là que viennent les Monstres: Et i'adjoûteray mesme, que cette piece parut si belle aux Nobles de cette Republique, qu'à l'exemple des Acteurs qui la joüoient, tout le monde la joüoit: Quelques ignorans peut-estre concluront, à cause de la sterilité de pensées qu'on y trouue, que vous ne pensiez à rien quand vous la fistes; mais tous les habilles sçauent qu'afin d'éuiter l'obscurité, vous y auez mis les bonnes choses fort claires; & quand mesme ils auroient prouué que depuis l'ortie iusqu'au sapin, c'est à dire, depuis le Tasse iusqu'à Corneille, tous les Poëtes ont accouché de vostre enfant, ils ne pourroient rien inferer, sinon qu'vne ame ordinaire, n'e-

SATYRIQVES. 157

stant pas assez grande pour viuifier vostre masse de bout en bout ; Vous fustes animé de celle du monde, & qu'auiourd'huy c'est ce qui est cause que vous imaginez par le cerueau de tous les hommes : Mais encore ils sont bien esloignez d'auoüer que vous imaginez ; ils soustiennent mesme qu'il n'est pas possible que vous puissiez parler, ou que si vous parlez, c'est comme iadis Lantre de la Sibille, qui parloit sans le sçauoir ; Mais encore que les fumées, qui sortent de vostre bouche, ie voulois dire de vostre bondon, soient aussi capables d'enyurer que celles qui s'exhaloient de cette grote, ie n'y voy rien d'aussi prophethique ; c'est pourquoy i'estime que vous n'estes au plus que la Cauerne des sept Dormans, qui ronflent par vostre bouche. Mais bons Dieux ! qu'est-ce que ie voy, vous me semblez encor plus enflé qu'à l'ordinaire ? Est-ce donc le couroux qui vous sert de Seringue. Des-ja vos jambes & vostre teste se sont tellement vnies par leur extention à la circonference de vostre Globe, que vous n'estes plus qu'vn balon. Vous vous figurez peut-estre que ie me mocque, par ma foy vous auez deuiné,

V iij

& le miracle n'est pas grand qu'vne boule ait frapé au but ; Ie vous puis mesme asseurer, que si les coups de bâton s'enuoyoient par escrit, vous liriez ma Lettre des espaules : Et ne vous estonnez pas de mon procedé, car la vaste estenduë de vostre rondeur me fait croire si fermement que vous estes vne terre, que de bon cœur ie planterois du bois sur vous pour voir comme il s'y porteroit? Pensez-vous donc, à cause qu'vn homme ne vous sçauroit battre tout entier en vingt-quatre heures, & qu'il ne sçauroit en vn iour eschigner qu'vne de vos omoplates, que ie me vueille reposer de vostre mort sur le Boureau? Non, non, ie seray moy-mesme vostre Parque ; & ce seroit desja fait de vous, si i'estois bien deliuré d'vn mal de rate, pour la guerison duquel les Medecins m'ont ordonné encore quatre ou cinq prises de vos impertinances ; mais si-tost que i'auray fait banqueroute aux diuertissements, & que ie seray las de rire, tenez par tout asseuré que ie vous enuoyeray deffendre de vous compter entre les choses qui viuent ; Adieu, c'est fait. J'eusse bien finy ma Lettre à l'ordinaire, mais vous n'eussiez pas crû pour cela que je fusse vostre tres-humble, tres-obeïssant, & tres-affectionné : C'est pourquoy, Gros Creué,

Seruiteur à la paillasse.

CONTRE
SCARRON.
LETTRE X.

Monsieur,

Vous me demandez quel iugement ie fais de ce Renard, à qui semblent trop vertes les mures où il ne peut atteindre; ie pense que comme on arriue à la connoissance d'vne cause par ses effets, qu'ainsi pour connoistre la force, ou la foiblesse de l'esprit de ce personnage, il ne faut que jetter la veuë sur ses productions : Mais ie parle fort mal de dire ses productions, il n'a iamais sceu que détruire, tesmoin le Dieu des Poëtes de Rome, qu'il fait encor aujourd'huy radoter. Ie vous adoüeray donc, au sujet sur lequel vous desirez auoir mon sentiment, que ie n'ay iamais veu

de

de ridicule plus serieux, ny de serieux plus ridicule que le sien ; Le peuple l'approuue, aprés cela concluez : Ce n'est pas toutesfois que ie n'estime son iugement, d'auoir choisi pour escrire vn style mocqueur, puis qu'escrire, comme il fait, c'est se mocquer du monde. Ses Partisans ont beau crier pour esleuer sa gloire, qu'il trauaille d'vne façon, où il n'a personne pour guide, ie leur confesse ; mais qu'ils mettent la main sur leur conscience ? En verité, n'est-il pas plus aisé de faire l'Eneide de Virgile, comme Scarron, que de faire l'Eneide de Scarron, comme Virgile. Pour moy, ie m'imagine, quand il se mesle de profaner le sainct art d'Apollon, entendre vne grenoüille faschée croasser au pied du Parnasse. Vous me reprocherez, peut-estre, que ie traite vn peu mal cét Autheur de le reduire à l'infecte ; mais ne l'ayant iamais veu, puis que vous m'obligez à faire son Tableau, ie ne sçaurois pour le peindre, agir d'autre façon, que de suiure l'idée que i'en ay receu de tous ses amis. Il n'y en a pas vn qui ne tombe d'accord, que sans mourir, il a cessé d'estre homme, & n'est plus que façon. Mais en effet, à

X

quoy le reconnoiſtrions-nous, il marche à rebours du ſens commun, & il en eſt venu à ce point de beſtialité, que de banir les pointes & les penſées de la compoſition des ouurages : Quand par mal-heur en liſant, il tombe ſur quelqu'vne, on diroit à voir l'horreur dont il eſt ſurpris, qu'il eſt tombé des yeux ſur vn Bazilic, ou qu'il a marché ſur vn Aſpic. Si la terre n'auoit iamais connu d'autres pointes que celles des chardons, la nature la formé, de ſorte qu'il ne les auroit pas trouué mauuaiſe ? car entre vous & moy, lors qu'il fait ſemblant de ſentir qu'vne pointe le pique, ie ne puis m'empeſcher de croire que c'eſt afin de nous perſuader qu'il n'eſt pas ladre ; mais ladre ou non, ie le lairois en patience, s'il n'erigeoit point des trophées à la ſtupidité, en l'appuyant de ſon exemple ? Comment, ce bon Seigneur veut qu'on n'écriue que ce qu'on a leu, comme ſi nous ne parlions aujourd'huy François, qu'à cauſe que jadis on a parlé Latin, & comme ſi l'on n'eſtoit raiſonnable que quand on eſt moulé ; nous ſommes donc beaucoup obligez à la nature, de ne l'auoir pas fait naiſtre le premier homme, car in-

SATYRIQVES. 163

dubitablemẽt il n'auroit iamais parlé, s'il auoit entendu braire auparauant. Il est vray que pour faire entendre ses pensées, il employe vne espece didiosme, qui force tout le monde à s'estonner comment les vingt-quatre lettres de l'Alphabet se peuuent assembler en tant de façons sans rien dire ? Apres cela, vous me demanderez le iugement que ie fais de cét hõme, qui sans rien dire parle sans cesse, helas ! Monsieur, aucun, sinon qu'il faut que son mal soit bien enraciné, de n'en estre pas encore guery depuis plus de quinze ans qu'il a le flus de bouche ? Mais à propos de son infirmité, on croit, comme vn miracle de ce sainct homme, qu'il n'a de l'esprit que depuis qu'il en est malade; que sans qu'elle a troublé l'œconomie de son temperament, il estoit taillé pour estre vn grand sot, & que rien n'est capable d'effacer lancre, dont il a barboüillé son nom sur le front de la memoire, puisque le Mercure & Larchet n'en ont pû venir à bout. Les railleurs adjoûtent à cela qu'il ne vit qu'à force de mourir, parce que cette drogue de Naples qui luy a cousté bonne, & qui l'a fait monter au nombre des Autheurs, il l'a reuend

X ij

tous les iours aux Libraires ; Mais quoy qu'ils disent, il ne mourra iamais de faim, car pour-ueu que rien ne manque à sa chaire, ie suis fort asseuré qu'il roulera iusqu'à la mort : S'il auoit mis les Poësmes autant à couuert de la fureur de l'oubly, ils ne seroient pas en danger, comme ils sont d'estre bien-tost inhumez en papier bleu ; Aussi n'y a-il gueres d'apparence que ce pot pourry de Peaudasnes & de contes de ma Mere-Loye, fassent viure Scarron autant de siecles que l'Histoire d'Enée a fait durer Virgile : Il me semble, au contraire, qu'il feroit mieux d'obtenir vn Arrest de la Cour, qui portant commandement aux Harangeres de parler tousiours vn mesme jargon, de peur qu'introduisant de nouueaux rebus, à la place des vieux, on ne doute auant quatre mois en quelle Langue il aura escrit. Mais ! helas, en ce terrestre sejour, qui peut répondre de son eternité dans la memoire des hommes, quand elle dépend de la vicissitude de leurs prouerbes : Ie vous asseure que cette pensée m'a fait iuger plusieurs fois, que les cheuaux qui traisnent le char de sa renommée, auroient besoin qu'il se seruit de pointes pour la faire auancer, autrement elle porte la mine, si elle marche auſſi lentement que luy, de ne pas faire vn long voyage? Comment, les Grecs ont demeuré moins de temps au Siege de Troye, qu'il ne s'en eſt paſſé depuis qu'il eſt ſur le ſien. A le voir ſans bras & ſans jambes, on le prendroit (ſi ſa langue eſtoit immobile) pour vn jerme planté au Paruis du Temple de la Mort? Il fait bien de parler, on ne pourroit pas croire ſans cela qu'il fuſt enuie; & ie me trompe fort, ſi tout le monde ne diſoit de luy, apres l'auoir ouy tant crier ſous l'archet, que c'eſt vn bon violon: Ne vous imaginez pas, Monſieur, que ie le boure ainſi pour m'eſcrimer de l'equiuoque, violon, ou autre, à curieuſement conſiderer le ſquelete de cette momie: Ie vous puis aſſeurer que ſi iamais il prenoit enuie à la parque de danſer vne Sarabande, elle prendroit à chaque main vne couple de Scarrons; au lieu de Caſtagnetes, ou tout au moins elle ſe paſſeroit leurs langues entre ſes doigts, pour s'en ſeruir, comme on ſe ſert des cliquetes de ladre: Ma foy, puiſque nous en ſommes arriuez iuſques-là, il vaut autant acheuer ſon portraict; Ie me figure donc (car il faut bien se figurer les animaux que l'on ne montre pas pour de l'argēt) que si ses pensées se forment au moule de sa teste, il doit auoir la teste fort plate ; que ses yeux sont des plus grands, si la nature les luy a fendus de la longueur, dont le coup de hache luy a fessé le cerueau. On adjoûte à sa description, qu'il y a plus de dix ans que la parque luy a tordu le col, sans le pouuoir estrangler ; & ces iours passez vn de ces amis m'asseura, qu'apres auoir contemplé ses bras tordus, & petrifiez sur les hanches, il auoit pris son corps pour vn gibet, où le Diable auoit pendu vne ame ; & se persuada mesme qu'il pouuoit estre arriué que le Ciel, animant ce cadaure infecte & pourry, auoit voulu pour le punir des crimes, qu'il n'auoit pas commis encore, jetter par auance son ame à la voirie. Au reste, Monsieur, vous l'exhorterez de ma part, s'il vous plaist, de ne se point emporter pour toutes ces galenteries, par lesquelles ie tasche de dérober sa pensée aux cruelles douleurs qui le tourmentent, ce n'est point à dessein d'augmenter son affliction ? Mais quoy, il n'est pas facile de cõtraindre en son cœur toutes les veritez qui se pressent; & puis pour auoir peint le tableau de son visage mal basty, n'est-il pas manifeste à chacun que depuis le tẽps que les Medecins sont occupez à curer sa carcasse, ce doit estre vn hõme bien vuide; Outre cela, que sçait-on si Dieu ne le punit point, de la haine qu'il porte à ceux qui sçauent bien penser quand nous voyons sa maladie deuenuë incurable, pour auoir differé trop long-temps de se mettre entre les mains d'vne personne qui sceut bien penser : Ie me persuade que c'est aussi en consequence de cela , que ce Cerbere enragé vomit son venin sur tout le monde : car i'ay appris que quelqu'vn luy dépliant vn Sonnet qu'il disoit (n'en estant pas bien informé) estre de moy, il tourna sur luy des yeux qui l'obligerent de le replier sans le lire : mais son caprice ne m'estonne gueres, car comment eut il pû voir cét ouurage de bon œil, luy qui ne sçauroit mesme regarder le Ciel que de trauers; luy qui persecuté de trois fleaux, ne reste sur la terre que pour estre aux hommes vn spectacle continuel de la vengeance de Dieu : luy dont la calomnie & la rage ont osé répandre leur escume sur la pourpre d'vn Prince de l'Eglife, & tafché d'en faire réjalir la honte fur la face d'vn Heros, qui conduit heureufement fous les aufpices de Louys le premier Eftat de la Chreftienté; Enfin tout ce qui eft noble, augufte, grand, & facré, irrite à tel poinct ce monftre, que femblable au Codinde, auffi bien en fa deformité qu'en fon couroux, il ne peut fupporter la veuë d'vn Chapeau d'efcarlate fans entrer en fureur; quoy que fous ce Chapeau la France glorieufe repofe à couuert de fes ennemis? Vous iugez donc bien à prefent que fon mefpris m'importe comme rien, & que fçauroit efté vn petit miracle fi mon Sonnet qui paffe pour affez doux, n'auoit pas femblé fade à vn homme poivré: Mais ie m'apperçoy que ie vous traite vn peu trop familieremnt, de vous entretenir d'vn fujet fi bas; Au refte, ie vous confeille de vous paffer de l'aymable Comedie que vous vous donneriez en luy montrant ma Lettre, ou bien faites-vous inftruire de la langue qu'entendoit Efope pour luy expliquer le François. Voila vne partie de ce que i'auois à mander: l'autre confifte à figner le ie fuis, en le faifant tomber mal à propos,

pos, parce qu'il est tellement ennemy des pensées, que si quelque iour cette Lettre tomboit
entre ses mains, il prescheroit par tout que ie
l'aurois mal concluë, si apres qu'il auroit trouué que ie n'aurois pas mis à la fin sans y penser, Ie suis,

MONSIEVR,

      Vostre
      seruiteur.

LETTRES

AVTRE

LETTRE XI.

M ESSIRE IEAN,

Ie m'eſtonne fort que ſur la Chaire de verité vous dreſſiez vn Theatre de Charlatan, qu'au lieu de preſcher l'Euangile à vos parroiſſiens, vous repaiſſiez leurs oreilles de cent côtes pour rire ; que vous ayez l'inſolence de reciter des choſes que Triuelin rougiroit ſous ſon maſque de prononcer ; Que profanant la dignité de voſtre caractere, vous d'écriuiez les plus ſales plaiſirs de la débauche, ſous ombre de les reprendre auec des circonſtāces ſi particulieres, que vous nous faites ſouuenir (quelle abomination) des ſacrifices qu'autrefois on faiſoit à Priape, de qui le Preſtre eſtoit le Maquereau : Certes, Meſſire Iean, vous deuriez exercer voſtre charge auec moins de ſcandale, quand

SATYRIQVES. 171

vous ne luy auriez aucune autre obligation que celle de vous auoir appellé du fumier, où l'on vous a veu naistre à l'estat Ecclesiastique; car si vous n'auez pas assez de force pour resister à vostre boufon d'ascendant, du moins dissimulez; Et quand vostre deuoir vous obligera d'anoncer l'Euangile pour nous en faire à croire, faites semblant de la croire? Permettez que nous puissions nous tromper, & nous creuer les yeux de la raison, pour ne pas voir que vous santez le fagot; & puis qu'en dépit du Loup-garou, vous estes resolu de debiter nos mysteres comme vne farce, ne faites donc pas sonner les cloches pour appeller le peuple à vostre Sermon, descendez de la Chaire de verité, & montez sur vne borne au coin du Carefour, seruez-vous d'vn tambourin de Biscaïye, mettez gambader sur vos espaules vne Guenon; puis pour acheuer la momerie en toutes ses mesures, passez la main dans vostre chemise, vous y trouuerez Godenot dans sa gibeciaire; Alors on ne se scandalisera point que vous diuertissiez le Badault, vous pourrez comme vn Bateleur, raconter les vertus de vostre Mitridate, debiter des Chapelets de baufme, des Sauonetes pour la

Y ij

galle, & des Pomades odoriferantes : Vous pourrez mesme faire prouision d'onguent pour la brûlure ; car les Sorciers du pays m'ont iuré auoir leu dans la cedule que vous auez donnée, (vous fçauez bien à qui) que le terme en expire à Noël. Vous auez beau mesme ne pas croire aux Possedez, on voit assez par les contortions dont vous agitez, les pendants de voftre guefne corporelle, que vous auez le Diable au corps; mais vous auez beau tafcher à vous guerir du mal d'Enfer par vne forte imagination, & courir les lieux de débauche; il ne nous importe, pourueu que vous n'accrochiez que des vieilles ou des sterilles, parce que la venuë de l'Antechrift nous fait peur, & vous fçauez la prophetie ? Mais vous riez, Meffire Iean, vous qui croyez à l'Apocalipfe, comme à la Mithologie, & qui dites que l'Enfer est vn petit conte pour épouuanter les hommes ; de mefme que pour effrayer les enfans, on les menaffe de les faire manger à la Lune. Auoüez, auoüez, que vous eftes l'incomparable ? car expliquez moy, ie vous conjure, comment vous pouuez eftre impie & bigot tout enfemble, & compofer auec les filets du tiffu de voftre vie, vne toile meflée de superstition & d'atheisme : Ha ! Messire Iean mon amy, vous mourrez en dansant les sonnettes ; Et en verité, il n'est pas besoin de consulter vn oracle pour en iurer ; car aussitost qu'on regarde les pieces de rapport qui composent l'assemblage & la simetrie de vos membres, on en demeure assez instruit, vos cheueux plus droits que vostre conscience, vostre front coupé de sillons, (c'est à dire taillé sur le modelle des campagnes de Beausse) où le Soleil marque vostre plage à l'ombre de vos rides, aussi iuste qu'il marque l'heure sur vn Cadran ; Vos yeux à l'abry de vos sourcis toufus, qui ressemblent à deux precipices au bord d'vn bois, sont tellement enfoncez, qu'à viure encore vn mois, vous nous regarderez par le deriere de la teste : On se persuade (habillez de rouge comme ils sont) voir deux Comettes sanglantes ; & i'y trouue du vray-semblable, puisque plus haut dans vos sourcils on découure des Estoiles fixes, que quelques-vns n'appellent pas ainsi. Vostre visage est à l'ombre d'vn nez, dont l'infection est cause que vous estes par tout en fort mauuaise odeur ; & mon Cordonnier m'asseura vn iour qu'il auoit pris vos ioües pour vne peau de Maroquin noir ; mesme ie me suis laissé dire que les plus deliez poils de vos moustaches, fournissent charitablement de barbeau goupillon du Benestier de vostre Eglise. Voilà, ie pense à peu pres l'image en hyerogliphe, qui constituë vostre horoscope. Ie passerois plus loing, mais comme i'attends visite, ie craindrois de perdre l'occasion de vous mander à la fin de ma Lettre, ce que l'on n'y mande pas ordinairement; C'est que ie ne suis, & ne seray iamais,

MESSIRE IEAN.

V. S.

CONTRE
VN PEDANT

LETTRE XI.

Monsievr,

Ie m'eſtonne qu'vne buche comme vous, qui ſemblez auec voſtre habit n'eſtre deuenu qu'vn grand charbon, n'ait encor pû rougir du feu dont vous brûlez ? Penſez au moins, quand voſtre mauuais Ange vous reuolte contre moy, que mon bras n'eſt pas loin de ma teſte, & que iuſqu'à preſent voſtre foibleſſe & ma generoſité vous ont garenty, quoy que tout voſtre compoſé ſoit quelque choſe de fort mépriſable, ie m'en deliureray s'il me ſemble incommode, ne me contraignez donc pas à me ſouuenir que vous eſtes au monde; Et ſi vous voulez viure plus d'vn iour, rappellez souuent en vostre memoire, que ie vous ay deffendu de ne me plus faire la matiere de vos médisances : Mon nom remplit mal vne periode, & l'espaisseur de vostre masse car ce la pourroit mieux fermer? Vous faites le Cesar, quand du feste de vostre Tribune pedagogue & bourreau de cent Escoliers? Vous regardez gemir sous vn sceptre de bois vostre petite Monarchie ; mais prenez garde qu'vn Tyran n'excite vn Brutus; car quoy que vous soyez l'espace de quatre heures sur la teste des Empereurs, vostre domination n'est point si fortement establie, qu'vn coup de cloche ne la détruise deux fois par iour ? On dit que par tout, vous vantez d'exposer, & vostre conscience & vostre salut ; Ie croy cela de vostre pieté : Mais de risquer vostre vie à cette intention, ie sçay que vous estes trop lasche, & que vous ne la voudriez pas joüer contre la Monarchie du monde ? Vous conseillez & concertez ma ruine, mais ce sont des morceaux que vous taillez pour d'autres ? Vous seriez fort aise de contempler seurement de la riue vn naufrage en haute mer ; & cependant ie suis denoué au pistolet par vn Pedant bigot; Vn Pedant *in sacris*, qui deuroit pour l'exemple,

ple, si l'image d'vn pistolet auoit pris place en sa pensée, se faire exhorciser : Barbare maistre d'Escole ? Quel sujet vous ais-je donné de me tant vouloir de mal, vous feüilletez peut-estre tous les crimes dont vous estes capables, & pour lors ils vous souuint de m'accuser de l'impieté que vous reproche vostre memoire; mais sçachez que ie connois vne chose que vous ne connoissez point, que cette chose est Dieu, & que l'vn des plus forts arguments, apres ceux de la Foy, qui m'ont conuaincu de sa veritable existance, c'est d'auoir consideré que sans vne premiere & souueraine bonté qui regne dans l'Vniuers, foible & meschant comme vous estes, vous n'auriez pas vécu si long-temps impuny. Au reste, i'ay appris que quelques petits ouurages vn peu plus esleuez que les vostres, ont causé à vostre timide courage tous les emportemens dont vous auez fulminé contre moy : Mais, Monsieur, en verité ie suis en querelle auec ma pensée, de ce qu'elle a rendu ma Satyre plus piquante que la vostre, quoy que la vostre soit le fruict de la sueur des plus beaux genies de l'antiquité, vous deuez vous en prendre à la nature, & non pas

Z

à moy qui n'en puis mais ; car pouuois-ie deuiner que d'auoir de l'esprit estoit vous offenser : Vous sçauez de plus, que ie n'estois pas au ventre de la jument, qui vous conçeut, pour disposer à l'humanité les organes & la complexion qui concouroient à vous faire cheual. Ie ne pretends point toutesfois que les veritez que ie vous presche, rejallissent sur le Corps de l'Vniuersité, (cette glorieuse Mere des Sciences) de laquelle si vous composez quelques membres, vous n'en estes que les parties honteuses ? Y a-t'il rien dans vous qui ne soit tres-difforme, vostre ame mesme est noire, à cause qu'elle porte le deüil du trespas de vostre conscience ; & vostre habit garde la mesme couleur pour seruir de petite oye à vostre ame. A la verité, ie confesse qu'vn chetif hypocondre, cōme vous, ne peut obscurcir l'estime des gens doctes de vostre professiō; & qu'encore qu'vn ridicule orgueil vous persuade que vous estes habile pardessus les autres Regents de l'Vniuersité; Ie vous proteste, mon cher amy, que si vous estes le plus grand homme en l'Academie des Muses, vous ne deuez cette grandeur qu'à celle de vos membres, & que vous estes

le plus grand perſonnage de voſtre College,
par le meſme tiltre que ſainct Chriſtophle eſt
le plus grand ſainct de Noſtre-Dame ; ce
n'eſt pas que quand la fortune & la iuſtice ſe-
ront bien enſemble, vous ne meritiez fort
d'eſtre le Principal de quatre cens aſnes qu'on
inſtruit à voſtre College : Ouy certes vous le
meritez, & ie ne ſçache aucun Maiſtre des
hautes œuures à qui le foüet ſiaye bien,
comme à vous, ny perſonne à qui il appartienne plus iuſtement. Auſſi de ce grand
nombre, i'en ſçay tel qui pour dix piſtoles,
voudroit vous auoir eſcorché ; mais ſi vous
m'en croyez vous le prendrez au mot, car
dix piſtoles ſont plus que ne ſçauroit valoir
la peau d'vne beſte à cornes. De tout cela,
& de toutes les autres choſes que ie vous
mandé l'autre iour, vous deuez conclure, ô
petit Docteur, que les deſtins vous ordon-
nent par vne Lettre, que vous vous conten-
tiez de faire eſchoüer l'eſprit de la ieuneſſe
de Paris, contre les bancs de voſtre Claſſe,
ſans vouloir regenter celuy qui ne recon-
noiſt l'empire ny du Monet, ny du Theſau-
rus. Cependant, vous me heurtez à corne

émoulue, & ressuscitant en vostre souuenir la memoire de vostre épouuantable, vous en composez vn Roman, dont vous me faites le Heros : Ceux qui veulent vous excuser, en rejettent la cause sur la nature, qui vous a fait naistre d'vn pays ou la bestise est le premier patrimoine, & d'vne race dont les sept pechez mortels ont composé l'Histoire. Veritablement apres cela, i'ay tort de me fascher, que vous essayez de m'attribuer tous vos crimes, puisque vous estes en aage de donner vostre bien, & que vous paroissiez quelquefois si transporté de joye, en suputant les débordez du siecle, que vous y oubliez iusqu'à vostre nom. Il n'est pas necessaire de demander qui peut m'auoir appris cette stupide ignorance que vous pensiez secrete, vous qui tenez à gloire de la publier, & qui la beuglez si haut dans vostre Classe, que vous la faites ouyr d'Orient iusqu'en Occident : Ie vous conseille toutesfois, Maistre Picar, de changer desormais de texte à vos Harangues, car ie ne veux plus, ny vous voir, ny vous entendre, ny vous escrire ; Et la raison de cela, est que Dieu, qui possible est aux termes de me pardonner mes fautes, ne me pardonneroit pas celle d'auoir eu affaire à vne beste,

CONTRE

LE CARESME.

LETTRE XIII.

Monsievr,

Vous auez beau canoniser le Caresme, c'est vne Feste que ie ne suis pas en deuotion de chomer ; Ie me le represente comme vne large ouuerture dans le corps de l'année, par où la mort s'introduit, ou comme vn Canibale qui ne vit que de chair humaine, pendant que nous ne viuons que de racines : Le cruel a si peur de manquer à nous détruire, qu'ayant sceu que nous deuons perir par feu dés le premier iour de son regne, il met tout le monde en cendre; Et pour exterminer par vn deluge les restes d'vn embrasement, il fait ensuite deborder la Marée iusques dans nos Villes.

Ce Turc qui racontoit au Grand Seigneur que tous les François deuenoient foux à certain iour de l'année, & qu'vn peu de certaine poudre appliqué sur le front, les faisoit r'entrer dans leur bon sens, n'estoit pas de mon opinion ; car ie soûtiens qu'ils ne sont iamais plus sages que cette iournée ? Et si l'on m'objecte leurs Mascarades ; ie responds qu'ils se déguisent, afin que le Caresme qui les cherche ne les puisse trouuer : En effet, il ne les attrape iamais que le lendemain au lict, lors qu'ils sont démasquez. Les Saincts, qui pour auoir l'esprit de Dieu, sont plus prudens que nous, se deguisent aussi ; mais il ne se démasquent que le iour de Pasques, quand l'ennemy s'en est allé ; Ce n'est pas que le Barbare ait pitié de nous, il se retire seulement, parce qu'alors nous sommes si changez, que luy-mesme ne nous reconnoissant plus, il croit nous auoir pris pour d'autres : Vous voyez que desja nos bras se décharnent, nos joües tombent, nos mentons s'éguisent, nos yeux se creusent, le ventru que vous connoissez commance à voir ses genoux, la nature humaine est effroyable; Bref, iusque dans les Eglises nos Saincts feroient peur, s'ils ne se cachoient ; Et puis, doutez qu'il foit rechapé des martyrs de la roüe, de la fournaife, & de l'huile boüillante, lors que dans fix fepmaines nous verrons tant de gens fe bien porter, apres auoir effuyé la furie de quarante-fix Bourreau, leur prefence feule eft terrible : Auffi ie me figure Carefme-Prenant, ce grand iour des Metamorphofes, vn riche aifné qui fe créue, pendant que cadets meurent de faim ; Ce n'eft pas que la loy du jeûne ne foit vn ftratagéme bien inuenté pour exterminer tous les fols d'vne Republique; mais ie trouue que les iours maigres ont tort de tuer tant de veaux en vne faifon, où ils ne permettẽt pas qu'on en mange, & d'endurer que le mois de Mars foufle du cofté de Rome, tant de vens de Marée fi malins, qu'ils nous empefchent de manger à demy : Hé! quoy, Monfieur, il n'y a pas vn Chreftien dont le ventre ne foit vne mare à grenoüilles, ou vn jardin potager : Ie penfe que fur le cadavre d'vn homme trefpaffé en Carefme, on void germer des bettes-raues, des chervis, des nauets & des carotes : Mais encore, il femble à ouyr nos Predicateurs, que nous ne deurions pas mefme eftre de chair en ce temps ? Comment, il ne fuffit pas à ce maigre impitoyable

de

de nous ruiner le corps, s'il ne s'efforce de corrompre noſtre ame ; Il a tellement peruerty les bonnes mœurs, qu'aujourd'huy nous communiquons aux femmes nos tentations de la chair, ſans qu'elles s'en offenſent ? Ne ſont-ce pas là des crimes pour leſquels on le deuroit chaſſer d'vn eſtat bien policé; mais ce n'eſt pas d'aujourd'huy qu'il gouuerne auec tant d'inſolence, puis que noſtre Seigneur mourut ſous le premier an de ſon regne; La machine entiere du môde penſa s'éuanoüir, & le Soleil qui n'eſtoit pas accouſtumé à ces longues diettes, tomba le meſme iour en défaillance, & ne ſeroit iamais reuenu de ſa foibleſſe, ſi l'on n'eut promptement ceſſé le Careſme : Ô ! trois & quatre fois, heureux celuy qui meurt vn Mardy-gras, il eſt quaſi le ſeul qui ſe puiſſe vanter d'auoir vécu vne année ſans Careſme ; Ouy, Monſieur, ſi i'eſtois aſſeuré d'abjurer l'hereſie tous les Samedys Sainéts, ie me ferois Huguenot tous les Mercredys des Cendres : Ma foy nos Peres reformez doiuent bien demander à Dieu que iamais le Pape ne ſoit mon priſonnier de guerre; car encore que ie ſois aſſez bon Catholique,

A a

je ne le mettrois point en liberté, qu'il n'eut restitué pour sa rançon tous les jours gras qu'il nous a pris. Je l'obligerois encore à dégrader du nombre des douze mois de l'année celuy de Mars, comme estant le Ganelon qui nous trahit : Il ne sert à rien de répondre qu'il n'est pas tousiours tout à fait contre nous, puis que des pieds ou de la teste il trempe tousiours dans la purée ; qu'il ne se sauue de la migraine qu'auec la crampe ; & qu'enfin le Caresme est son gibet, ou tous les ans il se trouue pendu par les pieds ou par le col ; Il est donc la principale cause des maux que nos ennemis nous font, parce que c'est luy qui les logẽt pendant qu'ils nous persecutent, & ces persecutions ne sont pas imaginaires : Si la terre que les morts ont sur la bouche ne les empeschoit point de parler, ils en sçauroient bien que dire ; Aussi je pense qu'on a placé Pasques tout exprés à la fin du Caresme, à cause qu'il ne falloit pas moins à des personnes, que le Caresme à tuez, qu'vne feste de la Resurrection ? Ne vous estonnez donc pas que tant de monde l'extermine ; car apres auoir tué tant de monde, il merite bien d'estre rompu ; Cependant,

Monsieur, vous faites le Panegyrique du Carefme, vous loüez celuy qui m'empefche de viure, & ie le fouffre fans murmurer ; Il faut bien que ie fois,

MONSIEVR,

Voftre
feruiteur,
D. B.

LETTRES

POVR
MADEMOISELLE ★★★★★.
A MONSIEVR
LE COQ.
LETTRE XIV.

Monsievr le Coq,

Voſtre Coquete ma priée de vous enuoyer ce Poulet de ſa part, tant d'autres que vous auez receu d'elle n'ont vécu qu'en papier, mais celuy-cy eſleué auec plus de ſoin, tete, rit & reſpire; car la Poule a demeuré contre l'ordinaire de ſes ſemblables, neuf mois auant que de l'eſclore; On le prendroit ce Pouſſin pour vn petit homme ſans barbe, & ceux qui ont dreſſé ſon horoſcope ont predit qu'il ſeroit vn iour grand Seigneur à Rome, à cauſe

que la premiere fois qu'il a rompu le silence,
ç'a esté par le mot de Papa ; Ie luy ay fort recommandé de vous reprocher vostre ingratitude, & de vous conjurer de reuenir au nid
de vostre aimable Poule ; mais encore qu'il ne
le fasse qu'en son langage, n'ayez pas le cœur
plus dur que sainct Pierre, à qui le mesme langage pût suffire autrefois pour l'appeller à resipiscence : Cessez donc, ô volage Cocq,
de débaucher les femmes de vos voisins, reuenez au poulier de celle qui depuis si longtemps vous a donné son cœur, de celle dont
si souuent les carresses ont preuenu vos desirs,
& de celle enfin qui m'a protesté, tout ingrat
que vous estes, de vous acabler de ses plus
cheres faueurs, si vous luy faites seulement
paroistre l'ombre d'vn repentir, mais rien ne
vous émeut; Et quoy, Coq effronté, ne voyez-vous pas que vostre barbe en rougit mesme
de honte, quant au lieu de venir à ses pieds
humblement traisner vos aisles contre terre,
vous vous dressez sur vos ergots, pour luy
chanter des satyres ; Vous voyez bien peut-estre que ce n'est pas là parler en terme de
Poule, mais ie comprends bien aussi que les
Airs que vous entonnez à sa loüange, ne sont

A a iij

pas des cocquericos : Vrayment, voila de beaux tesmoignages de gratitude, pour reconnoistre la liberalité d'vne personne qui vous enuoye sa premiere couuée ; Sans doute que l'autre iour, quand vous le fustes voir, vous ne le consideraftes qu'à demy ; regardez-le maintenant de plus prés, ce petit tableau, de vous mesme, il vous ressemble fort, aussi l'a-t'elle fait apres vous, & ie vous proteste que c'est le plus beau fruit de bon Chrestien, qu'on ait cueilly chez elle de cette Automne ; Mais à propos, ie me trompe, ce n'est pas vn fruit, c'est vn Poulet, faites donc à ce Poulet vn aussi bon acueil, qu'elle l'a fait aux vostres; Quand ce ne seroit que par rareté, vous pourrez le monstrer à tout Paris, comme le premier Cocq qui iamais soit né sans coquille, autrement ie des-aduoüeray tout ; Et pour excuser la coqueterie de vostre Poule, ie publieray que tout ce qu'elle en a fait, n'a esté que pour faire,

MONSIEVR LE COCQ,

Vn petit Cocq-
à-l'Asne.

A
VN COMTE
DE
BAS-ALOY.
LETTRE XV.

Monsievr,

Ie ne sçay quelle bonne humeur de la fortune a voulu qu'au mesme temps que vous lisiez mes informations, on me faisoit voir les vostres, où il est aueré par témoins irreprochables, qu'vn Comte depuis trois iours, Comte fait à plaisir, Comte pour rire, enfin si petit Comte, qu'il ne l'est point du tout, vouloit s'eriger en braue mal-gré les salutaires conseils de son temperament pacifique;

qu'il s'estoit si fort aguerry à la bataille des manchettes, que s'estant imaginé qu'vn duel n'aboutissoit au plus qu'à la consommation d'vne demie-aulne de toile, il croyoit auoir trouué dans le linge de sa femme la matiere de mille combats; qu'il n'auoit iamais esté sur le pré que pour paître; & enfin qu'il n'auoit receu le Baptesme qu'en consequence de celuy que l'on donne aux cloches : Sus donc, efforcez-vous beau Damoisel, aux armes fées, grincez les dents, mordez vos doits, tapez du pied, iurez vn par la mort, & taschez de deuenir courageux : Ie ne vous conseille pas toutesfois de rien hazarder, que vous ne soyez asseuré qu'il vous soit venu du cœur; tastez-vous bien auparauant, afin que selon qu'il vous en dira, vous presentiez la poitrine à l'espée, ou le dos au baston : Mais vous vous soûmettrez au dernier, ie le voy bien, car il ne tuë que fort rarement; & puis, il n'est pas vray-semblable que la Reyne des perles, qui vous a fait l'honneur d'eriger vostre fief en Comté, & qui dit tant de bien de vous, ait fait de vous vn méchant Comte : Ie suis fasché que vous n'entendiez mieux le François, vous iugeriez à ce compliment qu'on vous coupe

coupe du bois ; & par ma foy, vous auriez deuiné, car ie vous protefte fi les coups de bafton pouuoient s'enuoyer par efcrit, que vous liriez ma Lettre des efpaules ; & que vous y verriez vn homme armé d'vn tricot fortir vifiblement de la place où i'ay accouftumé de mettre,

MONSIEVR,

Voftre
feruiteur,
D. B.

LETTRES

A
VN LISEVR
DE
ROMANS.
LETTRE XVI.

A MOY MONSIEVR,

Parler Roman ; Hé ! dites-moy , ie vous supplie, Polexandre & Alcidiane , sont-ce des Villes que Gassion aille assieger. En verité, iusques icy, i'auois crû estre à Paris, demeurant au Marests du Temple , & ie vous auois crû vn Soldat volontaire dans nos Troupes de Flandres , quelquesfois mis en faction par vn Caporal ; mais puisque vous m'asseurez que ie ne suis plus moy-mesme , ny vous celuy-là , ie suis obligé Chrestiennement de le

SATYRIQVES.

croire ? Enfin, Monsieur, vous commandez des Armées ; O ! rendons graces à la fortune, qui s'est reconciliée auec la vertu : Certes, ie ne m'estonne plus, de ce que cherchant tous les Samedys vostre nom dans les Gazettes, ie ne pouuois l'y rencontrer ? Vous estes à la teste d'vne Armée dans vn Climat, dont Renauldot n'a point de connoissance. Mais en vostre conscience, mon cher Monsieur, dites-moy ? est-ce agir en bon François, d'abandonner ainsi vostre patrie, & d'affoiblir par l'esloignement de vostre personne le party de nostre Souuerain ; Vous feriez ce me semble beaucoup plus pour vostre gloire, d'augmenter sur la mer d'Italie nostre flote de la vostre, que d'aspirer à la conqueste d'vn pays que Dieu n'a pas encore creé ? Vous m'en demandez la route ; par ma foy ie ne l'a sçay point ; & toutefois, ie pense que vous deuez changer celle que vous auez prise ; car ce n'est pas le plus court, pour arriuer aux Canaries, de passer par les Petites-maisons. Ie m'en vais donc pour la prosperité & le bon succez de vostre voyage faire des vœux, & porter vne chandelle à sainct Mathurin, & le prier que ie puisse vous voir sein quelque iour, afin que vous puissiez connoistre seinement, que tout ce que ie vous mande dans cette Lettre, n'aboutist qu'à vous tesmoigner combien ie suis,

MONSIEVR,

Voſtre affectionné
ſeruiteur.

CONTRE
LES MEDECINS.
LETTRE XVII.

Monsievr,

Puis que ie suis condamné (mais ce n'est que du Medecin) dont i'appelleray plus aisément que d'vn Arrest Preuostal, vous voulez bien que de mesme les Criminels qui preschent le peuple quand ils sont sur l'eschelle, moy qui suis entre les mains du Bourreau, ie fasse aussi des remonstrances à la jeunesse: La fiévre & le drogueur me tient le poignard sur la gorge, auec tant de rigueur, que i'espere d'eux qu'ils ne souffriront pas que mon discours vous puisse ennuyer. Il ne laisse pas, Monsieur le gradué, de me dire que ce ne sera rien, & proteste cependant à tout le monde, que sans miracle ie n'en puis releuer. Leurs presages toutesfois, encore que funestes, ne m'allarment guere ; car ie connois assez que la souplesse de leur art, les oblige de condamner tous leurs malades à la mort, afin que si quelqu'vn en eschappe, on attribuë la guerison aux puissans remedes qu'ils ont ; & s'il meurt, chacun s'écrie que c'est vn habile homme, & qu'il l'auoit bien dit. Mais admirez l'effronterie de mon Bourreau, plus ie sens empirer le mal qu'il me cause par ses remedes, & plus ie me plains d'vn nouuel accident, plus il tesmoigne s'en réjoüyr, & ne me pense d'autre chose que d'vn tant mieux ? Quand ie luy raconte que ie suis tombé dans vn sincope l'étargique, qui m'a duré prés d'vne heure, il répond que c'est bon signe ? Quand il me void entre les ongles d'vn flux de sang qui me déchire, bon dit-il, cela vaudra vne saignée ? Quand ie m'attriste de sentir comme vn glaçon, qui me gagne toutes les extremitez, il rit en m'asseurant qu'il le sçauoit bien, que ses remedes esteindroient ce grand feu; quelquefois mesme que semblable à la mort, ie ne puis parler, ie l'entends s'écrier aux miens, qui pleurent de me voir à l'extremité. Pauures nigaux, que vous estes, ne voyez-vous pas que c'est la fiévre qui tire aux abois ? Voilà comme ce traite me berce; & cependant, à force de me bien porter, ie me meurs. Ie n'ignore pas que i'ay grand tort d'auoir reclamé mes ennemis à mon secours : Mais quoy ! pouuois-ie deuiner que ceux, dont la science fait profession de guerir, l'employeroiẽt toute entiere à me tuer; Car helas ! c'est icy la premiere fois que ie suis tombé dãs la fosse, & vous le deuez croire, puisque si j'y auois passé quelqu'autrefois, ie ne serois plus en estat de m'en plaindre : Pour moy, ie conseille aux foibles luiteurs, afin de se vanger de ceux qui les ont renuersez, de se faire Medecins ; car ie les asseure qu'ils mettront en terre ceux qui les y auoient mis. En verité, ie pense que de songer seulement, quãd on dort, qu'on rencontre vn Medecin, est capable de donner la fiévre. A voir leurs animaux etiques affublez d'vn long drap mortuaire, soustenir immobilement leur immobile Maistre, ne semble-t'il pas d'vne bierre où la parque s'est mise à califourchon; & ne peut-on pas prẽdre leur houssine pour le guidon de la mort, puis qu'elle sert à conduire son Lieutenant. C'est pour cela, sans doute, que la Police leur a commandé de monter sur des Mules, & non pas sur des Cauales, de peur que la race des graduez venant à croistre, il n'y eut à la fin plus de bourreaux que de patiens. O ! quel contentement i'aurois d'anatomiser leurs Mules, ces pauures Mules, qui n'ont iamais senty d'aiguillons, ny dedãs, ny dessus la chair, parce que les esperons & les bottes, sont des superfluitez, que l'esprit delicat de la faculté ne sçauroit digerer. Ces Messieurs se gouuernent auec tant de scrupule, qu'ils font mesme obseruer à ces pauures bestes (parce qu'elles sont leurs domestiques) des ieusnes plus rigoureux, que ceux des Niniuites, & quantité de tres-longs, dont le Rituel ne s'estoit point souuenu. Ils leurs attachent par les diétes la peau tout à cru dessus les os, & ne nous traitēt pas mieux, nous qui les payons bien ; car ces Docteurs morfondus, ces Medecins de neiges, ne nous font manger que de la gelée : Enfin tous leurs discours sont si froids, que ie ne trouue qu'vne difference entr'eux, & les peuples du Nort; c'est que les Noruegiens ont tousiours les mules aux talons, & qu'eux ont tousiours les talons aux mules ; ils sont tellement ennemis de

la

la chaleur, qu'ils n'ont pas fi-toſt connu dans vn malade quelque choſe de tiede, que comme ſi ce corps eſtoit vn Montgibel: Les voilà tous occupez à ſeigner, à cliſteriſer, à noyer ce pauure eſtomach dans le Scené, la Caſſe, la Tiſanne, & debiliter la vie, pour debiliter, diſent-ils, ce feu qui prend nourriture, tant qu'il rencontrent de la matiere; de ſorte que ſi la main toute expreſſe de Dieu, les faits rajamber vers le monde, ils l'attribuent auſſi-toſt à la vertu des refrigeratifs, dont ils ont aſſoupy cette incendie. Ils nous dérobent la chaleur & l'energie de l'eſtre qui eſt au ſang; ainſi pour auoir eſté trop ſaignez, nos Ames en s'enuolant, ſeruent de volant aux palettes de leurs Chirurgiens. Hé! bien, Monſieur, que vous en ſemble, apres cela n'auons-nous pas grand tort de nous plaindre de ce qu'ils demandent dix piſtoles pour vne maladie de huict iours? N'eſt-ce pas vne cure à bon marché, où il n'y a point de charge d'ame: Mais cõfrontez vn peu, ie vous prie, la reſſemblance qu'il y a entre le procedé des drogueurs, & le procez d'vn criminel. Le Medecin ayant

Cc

consideré les vrines, interroge le patient sur la selle, & le condamne ; le Chirurgien le bande, & l'Apotiquaire descharge son coup par derriere : Les affligez mesme, qui pensent auoir besoin de leur chicane, n'en font pas grande estime. A peine sont ils entrez dans la chambre, qu'on tire la langue au Medecin, on tourne le cul à l'Apoticaire, & l'on tend le poing au Barbier : Il est vray qu'ils s'en vangent de bonne sorte, il en coûte tousiours au railleur le Cymetiere. I'ay remarqué que tout ce qu'il y a de funeste aux Enfers, est compris au nombre de trois ; On y void trois fleuues, trois chiens, trois iuges, trois parques, trois gerions, trois hecates, trois gorgones, trois furies : Les fleaux, dont Dieu se sert à punir les hommes, sont diuisez aussi par trois, la peste, la guerre & la faim ; le monde, la chair & le Diable ; la foudre, le tonnerre & l'esclair ; la saignée, la medecine & le lauement ; Enfin, trois sortes de gens sont enuoyez au monde, tout exprés, pour martyriser l'homme pendant la vie. L'Aduocat tourmente la bourse, le Medecin le corps, & le Theologien l'ame ; encor ils s'en ventent, nos escuyers à mules : Car comme vn iour le mien entroit dans ma chambre sans autre explication, ie ne luy fis que dire ? Combien, l'impudent meurtrier, qui comprit aussi-tost que ie luy demandois le nombre de ses homicides, empoignant sa grosse barbe, me répondit ? Autant, ie n'en fais point, continuat'il la petite bouche, & pour vous montrer que nous apprenons, aussi bien que les escrimeurs, l'art de tuer, c'est que nous nous exerçons de mesme eux, toute nostre vie, sur la tierce & sur la quarte. La reflexion que ie fis sur l'innocence effrontée de ce personnage, fut que si les autres disent moins, ils en font bien autant ; Que celuy-là se contentoit de tuer, & que ses camarades joignoient au meurtre la trahison ; Que qui voudroit escrire les voyages d'vn Medecin, on ne pourroit pas les compter par les Epitaphes seuls de sa Parroisse ; & qu'enfin la fiévre nous attaque, le Medecin nous tuë, & le Prestre en chante; mais ce seroit peu, à Madame la Faculté, d'enuoyer nos corps au sepulchre, si elle n'attentoit sur nostre ame; Le Chirurgien enrageroit plustost qu'auec sa charpis, tous

Cc ij

les blessez qui font naufrage entre ses mains, ne fussent trouuez morts couchez auec leurs tantes. Concluons donc, MONSIEVR, que tantost ils enuoyent & la mort & sa faux ensevelie dans vn grain de Mandragore, tantost liquifiée dans le canon d'vne Seringue, tantost sur la pointe d'vne lancette, que tantost auec vn Iuillet, ils nous font mourir en Octobre; & qu'enfin ils sont accoustumez d'envelopper leurs venins dans de si beaux termes, que dernierement ie pensois que le mien m'eut obtenu du Roy vne Abbaye commandataire, quand il m'asseura qu'il m'alloit donner vn benefice de ventre. O! qu'alors i'eusse esté réjoüy, si i'eusse pû trouuer à le battre par equiuoque, comme fit vne villageoise, à qui l'vn de ces Bateleurs demandant si elle auoit du poulx, elle luy répondit auec force soufflets, & force esgratigneures, qu'il estoit vn sot, & qu'en toute sa vie elle n'auoit iamais eu ny poux ny puces; mais leurs crimes sont trop grands pour ne les punir qu'auec des equiuoques, citons-les en Iustice de la part des Trépassez. Entre tous les humains, ils ne trouueront pas vn Aduocat, il n'y aura Iuge qui n'en cōuainque quelqu'vn, d'auoir tué son pere; & parmy toutes les pratiques qu'ils ont couchez au Cymetiere, il n'y aura pas vne teste qui ne leur grince les dents. Que les pussent-elles deuorer, il ne faudroit pas craindre que les larmes qu'on jetteroit de leur perte, fissent grossir les riuieres : On ne pleure aux trépas de ces gens-là que de ce qu'ils ont trop vescu ; Ils son tellement aimez, qu'on trouue bon tout ce qui vient d'eux, mesme iusqu'à leur mort, comme s'ils estoient d'autres Messies ; ils meurent aussi bien que Dieu pour le salut des hommes. Mais bons Dieux ! n'est-ce pas encore là mon mauuais Ange qui s'approche, ha ; c'est luy-mesme, ie le connois à sa soutane, *Vade retro Satanas*, Champagne apportez-moy le Benistier, Demon gradué ie te renonce ; O ! l'effronté Satan, ne me viens-tu pas encor ordonner quelque aposume : Misericorde, c'est vn Diable huguenot, il ne se soucie point de l'Eau beniste, encor si i'auois des poings assez roides pour former vn casse-museau ; Mais ! helas, ce qu'il m'a fait aualler s'est si bien tourné en ma substance, qu'à force d'vser de consommez, ie suis tout consommé moy-mesme : Venez donc vitement à mon secours, où vous allez perdre,

MONSIEVR,

Vostre plus
fidel seruiteur,
D. C. D. B.

CONTRE

VN FAVX BRAVE.

LETTRE XVIII.

IL a menty le Deuin, les poltrons ne meurent point à vostre aage, & puis vostre vie n'est pas assez illustre pour estre de celles, dont les Astres prennent le soin de marquer la durée. Les personnes de vostre estage doiuent s'attendre de mourir sans Comette, aussi bien que beaucoup d'autres qui vous ressemblent, dont la nature, sans le sçauoir, acouche tous les iours en dormant. On m'a rapporté de plusieurs endroits que vous vous vantiez que i'auois fait dessein de vous assassiner : Helas ! mon grand amy, me croyez-vous si fol, d'entreprendre l'impossible ; Hé de grace, par ou frapper vn homme pour le tuer subitement, qui n'a ny cœur ny ceruelle. Ie veux mourir, si la façon dont vous viuez impenétrable aux injures, ne fait croire que vous auez pris à tafche d'eſſayer combien vn homme, ſans cœur, peut durer naturellement : Ces reflexions eſtoient aſſez conſiderables, pour m'obliger à vous faire ſentir ce que peſe vn tricot ; mais cette longue ſuitte de vos anceſtres, dont vous prônez l'antiquité, m'ont retenu le bras. I'y trouue meſme quelque apparence, depuis qu'vn fameux Genealogiſte m'a fait voir auſſi clair que le iour, que tous vos tiltres de Nobleſſe furent perdus dans le déluge, & qu'il m'a prouué que vous eſtes Gentil-homme auec autant d'euidence, que le prouua ce villageois au Roy François premier, quand il luy dit que Noé auoit eu trois fils dãs l'Arche, & qu'il n'eſtoit pas certain duquel il eſtoit ſorty. Mais ſans cela meſme, ie me ſerois touſiours bien douté que vous eſtes de bonne Maiſon, puiſque perſonne ne peut nier que la voſtre ne ſoit vne des plus neufues de ce Royaume. Ainſi, quand les blaſonneurs de ce ſiecle s'en deuroient ſcandaliſer, prenez des armes; & ſi vous m'en croyez, vous vous donnerez celles-cy; Vous porterez de gueules à deux feſſes, chargées de cloux ſans nombre, à la vilenie en cœur, & vn baſton briſé

ſur

sur le chef. Toutesfois, comme on ne remplit l'escu du roturier, qu'on veut anoblir, qu'apres le faict d'armes qui l'en a rendu digne, ie vous attends où ce Laquais vous conduira, afin que selon les proüesses de chevalerie que vous aurez faites, ie vous chausse les esperons : Vous ne deuez pas craindre d'y tomber pour victime, car si le sort vous attend en quelque lieu, c'est plustost à l'estable, qu'au lict d'honneur, ou sur la bresche d'vne muraille ; Et pour moy, qui me connois vn peu en phisionomie, ie vous engage ma parole, que vostre destinée n'est pas de mourir sur le pré, ou bien se fera pour auoir trop mangé de foin. Consultez pourtant là dessus toutes les puissances de vostre ame, afin que ie m'arme viste d'vne espée, ou de ce qu'en François on appelle vn baston.

Fin des Lettres Satyriques.

D'VN SONGE.

LETTRE XIX.

M ONSIEVR,

Cette vision de Queuedo, que nous leufmes hier enfemble, laiffa de fi fortes impreffions en ma penfée du plaifant Tableau qu'il dépeint, que cette nuit ie me fuis trouué en fonge aux Enfers, mais ces Enfers-là m'ont parû bien differents du noftre ; leur diuerfité m'a fait croire que c'eftoient les châps Elizées ; & en effet, ie n'eus pas auancé fort peu de chemin, que ie reconnus lauerne, comme les Grecs, & les Romains l'ont décrite : I'y vis l'Acheron, le Fleuue de l'oubly, le vigilant Cerbere, les gorgones, les furies & les Plarques, Ixion fur la rouë, Titie deuoré par vn veautour, & beaucoup d'autres chofes qui font plus au long dans la Mithologie.

D'VN SONGE.

Ayant paſſé plus auant, ie rencontré force perſonnes veſtuës à la Grecque & à la Romaine, dont les vns parloient Grec & les autres Latin, & i'en apperceus d'autres occupez à les conduire dans de diuers appartemens: Ils me ſemblerent tous forts ſociables, c'eſt pourquoy ie me meſlé à leur compagnie ; Il me ſouuient que i'en acoſté vn, & qu'apres quelques autres diſcours, luy ayant fait ſçauoir que i'eſtois eſtranger, il me répondit que i'eſtois donc venu à la bonne heure, parce qu'on changeoit ce iour-là de maiſon, tous les Morts qui s'eſtoient pleins d'auoir eſté mal aſſociez, & que ſi i'eſtois curieux, ie pouuois m'en donner le plaiſir. Il me tendit enſuite la main fort courtoiſement, ie luy preſté la mienne ; & nous allons, continua-il, dans la Salle où l'on ordonne des départemens de ceux qui ſe veulent quitter, pour ſe loger auec d'autres : Nous aurons le plaiſir de voir à noſtre aiſe, & ſans nous laſſer, comme chacun ſi prendra, pour faire ſa cauſe bonne. Nous marchaſmes donc enſemble iuſqu'au lieu, ou enfin nous arriuaſmes, mon conducteur me donna place aupres de luy, & par bon-heur elle ſe rencontra ſi proche de la chaire du Iuge, que nous ouyſmes intelligiblement les querelles de toutes les parties. A meſure donc qu'ils ſortoient de leur ancienne demeure, ie remarqué qu'on les plaçoit, ſi ie ne me trompe, non pas comme vous penſeriez, les Roys touſiours auec les Roys, mais bien ſouuent des Roys auec des Paſtres, des Philoſophes, auec des Villageois, de belles perſonnes, auec d'autres fort laides, & des vieux auec des jeunes. Mais pour commencer, i'apperceus Pitagore tres-ennüyé de ſa compagnie; c'eſtoit vne troupe de Comediens, qui par leur caquet continuel, le détournoient de ſes hautes ſpeculations; le Iuge qui preſidoit, luy dit que l'eſtimant homme de grande memoire, puis qu'apres pour le moins quinze cents ans, il s'eſtoit ſouuenu d'auoir eſté au Siege de Troye, on l'auoit aparié auec des perſonnages qui n'en ſont pas dépourueus : Ho! ſi ce n'eſt, s'écria-t'il, qu'à cauſe de cela que vous me logez auec ces baſteleurs, vous me pouuez mettre indifferemment auec tous les autres morts; car il n'y a ceans preſque pas vn deffunct (ſi vous en voulez croire ſon Epitaphe) qui ne ſoit d heureuſe memoire. Puis donc qu'ils ne ſont pas

D'VN SONGE.

les seuls auec qui ie simpathise en memoire pour Dieu, deliurez moy du caquet importun de ces Roys & de ces Reynes, dont le regne ne dure que deux heures. La Iustice de ses raisons entenduës, ie sçay bien qu'on le fit marcher ailleurs ; mais il ne me souuient pas ou. Aristote, Pline, Elian, & beaucoup d'autres naturalistes furent mis, parce qu'ils ont connu les bestes auec les Maures, & le Peintre Zeuxis fut pareillement logé auec eux, pource que son tableau de raisins, que les oiseaux venoient bequeter, la conuaincu d'en auoir abusé. Dioscoride ne demandoit pas mieux que d'estre planté auec des Lorrains, disant qu'il s'accorderoit bien auec eux, pource qu'il connoissoit parfaitement le naturel des simples ? Mais on s'auisa de l'enuoyer vers les filles de Delias, à la charge de leur apprendre à discerner la vertu des herbes mieux qu'elles ne firent, quand elles voulurent rajeunir leur pere. Raimond Lule, qui iuroit d'auoir rendu l'or potable, fut placé auec certains riches yurongnes qui auoient fait la mesme chose. Lucain que Neron fit tuer pour la jalousie qu'il conceut de son Poëme, des

Guerres de Pharsalle, s'associa de quelques petits enfans, que les vers ont fait mourir. Il escheut à Virgille l'appartement des Maquereaux, pour auoir débauché Didon, qui sans luy eut esté vne Dame fort sage. Ouide & Acteon, criminels par hazard, furent logez ensemble comme gens qu'auoit rendus miserables le mal des yeux. Ils choisirent pour retraite vn logement fort obscur, d'autant, disoient-ils, qu'ils craignoient de trop voir. Ie vis loger Orphée auec les Chantres du Pontneuf, pource qu'ils ont sceu l'vn & l'autre attirer les bestes. Æsope & Apulée ne firent qu'vn ménage, à cause de la conformité de leurs miracles, car Æsope d'vn asne a fait vn homme, en le faisant parler, & Apulée d'vn homme a fait vn asne, en le faisant braire. Romulus se rangea auec des Fauconiers, pource qu'il a dressé des oiseaux à voler, non pas vne perdrix, mais l'Empire de Rome. On parloit de mettre Cæsar auec les bons joüeurs, i'en demandé la cause, & l'on me répondit que d'vn seul coup de dez, qu'il jetta sur le rubicon, il auoit gagné l'empire du monde. Toutefois, il fut trouué plus à propos de fouler son orgueil, le rangeant auec des esclaues, qu'on estimoit iadis auoir des caracteres pour courir; Vous pourrez, luy cria le Maistre des ceremonies, essayer encore vne fois vostre *veni*, *vidi*, *vici*. On mit Brutus auec ceux qui ont monté sur l'ours, parce qu'il n'a point eu peur des esprits. Cassius, à qui sa mauuaise veuë causa la mort, auec les femmes grosses qui ont la veuë dangereuse. Caligula voulut estre mis dans vn appartement plus magnifique que celuy de Darius, comme ayant couru des auantures incomparablement plus glorieuses : Car, dit-il, moy Caligula, i'ay fait mon Cheual Empereur, & Darius a esté fait Empereur par le sien; Neron parût ensuite, on l'associa d'vne compagnie de Bateleurs pour se perfectionner; on l'eut bien atelé auec Timon l'ennemy des hommes, mais on craignoit que si quelque iour la nature simpatissant à leurs souhaits, ne faisoit qu'vne teste de tout le genre humain, il n'y eut dispute entr'eux à qui la couperoit. Ie vis le Roy Numa presenter vn Placet, à ce qu'on luy octroyast d'establir son domicile en la maison d'vn certain fameux hydrolique, qui auoit iadis fait faire des miracles à l'eau, comme estant aussi capable que l'autre, puis qu'il auoit fait parler la fontaine Agerie, & l'auoit renduë si clair-uoyante en matiere d'estat, qu'au lieu qu'vn autre Ingenieur l'auroit conduite, il s'en laissoit conduire. Nabucodonosor fut liuré entre les mains d'vn Charlatan, qui se promettoit de gagner beaucoup à le montrer, parce qu'on n'auoit point encor iamais veu de tels animaux. Patrocle s'estomaqua de se voir assorty auec des gens gueris de maux incurables : mais il se paya de raison, quand on luy eut apprit que c'estoit à cause qu'il auoit comme eux trompé la mort. Iason demeura fort décontenancé, de se trouuer au milieu d'vne cohuë de Courtisans d'Espagnes, pource qu'il n'entendoit pas leur langue, car il ne pût s'imaginer ce qu'on vouloit dire, quand on luy prescha que toutes les entreprises de ces Cheualiers en herbe, aussi bien que les siennes, n'auoient buté qu'à la Toison. Mais considerez ce que c'est de s'appliquer à la lecture des choses fabuleuses dans vn âge, dont la foiblesse accompagne de foy toutes ses connoissances : Ie n'ay rien parcouru dans la Fable des Payens

qui

qui ne repassast tumultuairement à ma fantaisie. Il me semble que ie vis ranger Iupiter auec les foux, sur ce que Momus auoit representé qu'il auoit vn coup de hache ; Iupiter offensé, demanda, ce me semble à ce boufon quel coup de hache il entendoit, c'est celuy-là, respondit le plaisant, dont Vulcain de sa grace vous fendit le cerueau, pour vous faire acoucher de Minerue. Le vieil Saturne qui n'y entendoit point de finesse, receut sans murmurer la compagnie d'vne troupe de fauscheurs, à cause de la conformité du sceptre. On oublia Phœbus à suiure quelques experimentez joüeurs de palet, auec deffense de les abandonner tant qu'il auroit appris à ne plus prendre la teste de son amy pour vn but. I'ouys ce me semble commander à Siziphe, d'acoster des Casseurs de grais qui estoient-là, pour se défaire de sa roche entre leurs mains. Ie ne sçay pas s'il obeït, parce que la curiosité détourna ma veuë sur Thetis, qui disputoit pour choisir vn associé ; on l'a mit à la rengette à costé d'vn certain hypocondre, qui pensant estre de brique, ne vouloit pas boire, de peur de se détremper ; car comme si elle eut autre-

E e

fois apprehendé la mefme chofe : Elle n'oza pour immortalifer entierement fon fils Achille, luy tremper dans l'Occean, le talon qu'elle tenoit. Hecate fe foura dans la preffe pour joindre la mere de Gargantua; car, difoit-elle, fi j'ay trois faces, celle-cy en a vne fi large, qu'elle en vaut bien trois. On propofa de loger Io auec Popée, la femme de Neron, pour certaines raifons dont ie ne me fouuiens pas, cette Princeffe en fut contente, à la charge que l'autre fe garderoit de ruer, d'autant qu'elle craignoit les coups de pieds. Dedale, ce grand artifan, ne fit aucune refiftance, encor qu'on luy donnaft pour confreres, des Sergens, des Greffiers, des Procureurs, & autres gens de cornet, parce qu'il ouyt dire que c'eftoient des perfonnes qui, comme luy, n'auoient pas volé fans plumes, qui comme luy, voloient pour fe fauuer; & lefquels, veu le temps, auroient efté contraints, s'ils n'euffent joüé de la harpe, de joüer de la vielle. Dalila, maiftreffe de Samfon, fut mife auec les chauues, à caufe qu'on craignoit que la logeant auec d'autres, elle ne les prift aux cheueux, comme Samfon. Porcie fut rangée auec des malades de paſle-couleurs, les Iuges d'Enfer l'en ſoupçonnant atteinte, depuis qu'elle auoit aualé des charbons. Iocaſte & Semiramis ne firent qu'vn ménage, pource qu'elles auoient eſté l'vn & l'autre meres & femmes de leurs fils, & groſſes deux fois d'vn meſme enfant. Ie vis tout le monde bien empeſché, pour accompagner Arthemiſe, les vns la vouloient réjoindre à ſon mary, à cauſe de leur amour tant vantée, les autres la porter à l'Hoſpital des femmes enceintes, alleguans que d'aualer de la cendre, comme elle auoit fait, eſtoit vne enuie de femme groſſe. Mais elle appaiſa tous leurs contraſtes, ſe logeant d'elle-meſme auec des Blanchiſſeuſes qu'elles apperceut ; A la charge, leur cria-elle, que pour la peine de vous aider à vos leſciues, i'auray les cendres à ma diſpoſition. Theſée demandoit de loger auec des Tiſſerans, ſe promettant de leur apprendre à conduire le fil. Percée le braue d'Andromede, ſe trouuoit eſgalement bien auec tous les Inſtituteurs d'Ordres, parce qu'ils ont tous, comme luy, deffendu les femmes. Neron pour la place duquel il auoit eſté tant debatu, choiſit enfin de luy-mesme l'appartement d'Eroſtrate, ce fameux inſenſé, qui brûla le Temple de Diane; car ie ſuis, dit cét Empereur en marchant, perſonne qui aime autant que luy à me chauffer de gros bois. Iuuenal, Perſe, Horace, Martial, & preſque tous les Epigrammaires & Satyriques, furent enuoyez au Manege auec les Eſcuyers d'Academie, pource que les vns & les autres ont reputation d'auoir ſceu bien piquer. On mit pareillement auec ces Poëtes force Eſpingliers, Eſguilletiers, Fourbiſſeurs & autres, dont la beſogne, ainſi que leurs ouurages, ne valent rien ſans pointe. Le Duc de Clarence qui ſe noya volontairement dans vn tonneau de Maluoiſie, alloit cherchant Diogénes, ſur l'eſperance d'auoir pour giſte la moitié de ſon tonneau; mais comme il ne ſe rencontra pas, & qu'on apperceut le grand Socrate qui n'eſtoit pas encore attelé? Voicy iuſtement voſtre fait, luy dit-on, car & vous & ce Philoſophe, eſtes tous deux morts de trop boire. Socrates fit vne profonde reuerence à ſes Iuges, & leur montra du doit le vieil Heraclite, qui attendoit vn collegue; on donna ordre aux Heros de Roman de l'emmener auec eux. C'est vn personnage, leur dit le Fourier, qui les aparia, dont vous aurez toute sorte de contentement ; il a vn cœur de chair, vous ne luy raconterez point vos auantures, comme c'est entre-vous vne chose ineuitable, sans luy tirer des larmes, car il n'est pas moins que vous tendre à pleurer. Euridice prit la main d'Achille, marchons, luy dit-elle, marchons, aussi bien ne nous sçauroit-on mieux assortir, puisque nous auõs tous deux l'ame au talon. Ie vis placer Curtieux, ce fameux Romain, qui se precipita dans vn gouffre pour sauuer Rome auec vn certain brutal qui s'estoit fait tuer, en protegeant vne femme débauchée. Ie m'estonne fort de voir assortir des personnes si dissemblables ; mais on me respondit qu'ils estoient tous deux morts pour la chose publique. En suite on associa Icare auec Promethée, pour auoir esté l'vn & l'autre trop aspres à voler. Echo fut logé auec nos Autheurs modernes, d'autant qu'ils ne disent, comme elles, que ce que les autres ont dit. Le Triumuirat de Rome, auec celuy d'Enfer, c'est à dire Anthoine, Auguste, & Lepide, auec Radamante, Eaque,

& Minos, sur ce qu'on representa que ceux-là, de mesme que ceux-cy, auoient esté Iuges de mort. On pensa mettre Flamel, qui se vantoit d'auoir la pierre, auec les deffuncts de cette maladie; mais il s'en offensa, criant que la sienne estoit la pierre philosophale, & qu'il y auoit vne difference presque infinie entre les vertus de ces deux sortes de pierres ; car les graueleux, continua-t'il, ne sont tourmentez de la leur, qu'apres qu'elle est formée; au contraire, de nous qui n'en sommes trauaillez que durant sa conception, outre que nous ne nous faisons iamais tailler de la nostre. Ses raisons ouyes, on l'enuoya trouuer Iosué, parce que quelques-vns se vanterent auoir aussi bien que luy fixé le Soleil. Quantité d'autres Chimistes suiuoient celuy-cy auec grand respect, & recueilloient, comme des oracles, des sottises qu'il leur debitoit, dans lesquelles ces pauures foux s'imaginoiët estre enuelopé le secret du grand œuure. On les my-partit, les vns auec des Charbonniers, comme gens de fourneau ; les autres, auec ceux qui ont donné des soufflets aux Princes. On mit Hecube auec Cerbere, pour augmenter le nombre des Portiers infernaux, elle aboya fort contre les Mareschaux des Logis, à cause de cét affront ; mais enfin on la satisfit, luy remonstrant qu'elle estoit vn Monstre à trois testes, aussi bien que l'autre, puisque comme chienne, elle en auoit vne, comme femme, deux, & qu'vn & deux faisoient trois. Ie me souuiens qu'on en mit quelques-vns à part, entre lesquels fut Midas, pource qu'il est le seul au monde, qui se soit plaint d'auoir esté trop riche. Phocion fut de mesme separé des autres, s'estant trouué le seul qui iamais ait donné de l'argent pour mourir ; Et Pigmalion pareillement, ne fut associé de personne, à cause qu'il n'y a iamais eu que luy qui ait espousé vne femme muette. Apres cette distribution, par laquelle chacun fut mis dans sa chacuniere, les images de mon songe n'estant plus si distinctes, ne me laisserent apperceuoir que des peintures generales ; Par exemple, ie vis le corps entier des Filoux s'associer auec les chasseurs d'aujourd'huy, pource qu'ils tirent en volant. Nos Autheurs de Roman auec Esculape, pource qu'ils font en vn moment des cures miraculeuse : Les

Bourreaux auec les Medecins, à cause qu'ils sont payez pour tuer. Vne grande trouppe de Tireurs d'armes, demandoient aussi d'estre logez auec Messieurs de la Faculté, parce que l'Art d'escrime leur donne, aussi bien qu'à eux, la connoissance de la tierce & de la carte ; mais on les mit auec les Cordonniers, d'autant que la perfection du mestier consiste à bien faire vne bote. Parmy le vacarme confus d'vne quantité de mécontens, ie distingué la voix de Bouteville, qui fulminoit de ce que tout le monde refusoit sa compagnie : Mais sa colere ne luy seruit de rien, personne ne l'osoit acoster, de peur de prendre querelle. Cét homme portoit la solitude auec luy, & ie vis l'heure qu'il alloit estre reduit à se faire Hermite, s'il ne se fut enfin accommodé auec les Grammeriens Grecs, qui ont inuenté le duel. Vn Operateur qui distribuoit les remedes, augmentoit la presse, à cause du nombre des sots dont il estoit enuironné; plusieurs le consultoient, & i'apperceus entr'autres la femme d'Orfée, qui demandoit vn cataplasme pour la demangeaison des yeux. Priam vint aussi luy demander de l'vnguent pour la brûlure,

mais

mais l'Operateur n'en eut pas assez, car la Ville de ce pauure Prince estoit toute brûlée. Ie vis là quantité d'Aduocats condamnez au feu, afin qu'ils vissent clair à certaines affaires trop obscures ? Quant aux Sages, ils furent mis auec les Architectes, comme gens qui doiuent vser en toutes choses de regle & de compas. Il ne fut iamais possible de separer les furies des Espiciers, tant elles auoient peur de manquer de flambeaux. Ie fus bien estonné de rencontrer Tibere, lequel en attendant qu'on le plaçast, se reposoit couché sur des cailloux. Ie luy demandé s'il ne reposeroit pas mieux sur vn lict ? Et ie craindrois, me repliqua-t'il, que la chaleur de la plume ne me causast quelque chose de pire que la pierre. Sur ces entrefaites Agrippine, la mere de Neron, le conjura de la vanger, de ce que Seneque auoit publié qu'elle auoit eu quatre enfans depuis son mariage, elle paroissoit furieuse & toute hors de soy, mais Neron l'appaisa par ces paroles. Madame, il ne faut croire d'vn medisant que la moitié de ce qu'il dit : Les Parques se contenterent de demeurer auec de paures villageoises, qui nourrissent leurs marys

F f

de leurs quenoüilles, quand on leur eut appris, qu'aussi bien qu'elles, ces paysanes auoient filé la vie des hommes. Il vint là certains Bateurs en grange, & parce qu'ils manquoient de fleau, on leur fit prendre Atila pour s'en seruir à faute d'autres. Les effrontez s'associerent des gardeurs de Lyons, afin d'apprendre d'eux à ne point changer de couleur. I'en aurois encor bien veu d'autres, si onze heures qui sonnerent à ma Montre, ne m'eussent esueillé & rappellé dans ma memoire, Qu'à toute heure de iour & de nuit ie suis & ie seray iusqu'au dernier somme,

MONSIEVR,

Vostre tres-
affectionné
seruiteur.

CONTRE LES FRONDEVRS.

LETTRE XX.

Le Lecteur doit estre aduerty, que cette Lettre fut enuoyée pendant le Siege de Paris, & durant la plus violente animosité des Peuples contre Monseigneur le Cardinal : On ne s'étonnera donc pas d'y voir des choses vn peu moins ajustées à l'estat present des Affaires, qui ont beaucoup changé depuis ce temps-là.

A MONSIEVR D. L. M. L. V. L. F.

MONSIEVR,

Il est vray, ie suis Mazarin, ce n'est ny la crainte, ny l'esperance qui me le font dire auec tant d'ingenuité, c'est le plaisir que me donne vne verité, quand ie la prononce. I'aime à la faire esclater, sinon autant que ie le puis, du moins autant que ie l'ose; & ie suis tellement anthipatique auec son aduersaire, que pour donner vn iuste démenty, ie reuiendrois de bon cœur de l'autre monde. La Nature s'est si peu souciée de me faire bon Courtisan, qu'elle ne m'a donné qu'vne langue pour mon cœur, & pour ma fortune. Si i'auois brigué les applaudissements de Paris, ou pretendu à la reputation d'éloquent, i'aurois escrit en faueur de la Fronde, à cause qu'il n'y a rien qu'on persuade plus aisément au peuple, que ce qu'il est bien-aise de croire : Mais comme il n'y a rien aussi qui marque d'auantage vne ame vulgaire, que de penser comme le vulgaire, ie fais tout mon possible pour resister à la rapidité du torrent, & ne me pas laisser emporter à la foule; Et pour commencer, ie vous declare encore vne fois que ie suis Mazarin; Ie ne suis pourtant pas si déraisonnable, que ie ne vous vueille apprendre la cause pourquoy ie me suis rangé de vostre party : Vous sçaurez donc, que c'est parce que I'ay trouué le plus iuste, & parce qu'il est

LES FRONDEVRS.

vray que rien ne nous peut dispenser de l'obeïssance que nous deuons à nostre legitime Souuerain : car bien que les Frondeurs nous en jettent des pierres, ie pretends les refronder contr'eux si vertement, que ie les délogeré de tous les endroits, où leur calomnie a fait fort contre son Eminence. Les premiers coups qu'ont en vain tenté les Poëtes du Pont-neuf (contre la reputation de ce grand homme) ont esté d'alleguer qu'il estoit Itatalien : A cela ie réponds (non point à ces Heros de papier broüillard, mais aux personnes raisonnables qui meritent d'estre des-abusées) qu'vn honneste homme n'est ny François, ny Aleman, ny Espagnol, il est Citoyen du monde, & sa patrie est par tout ; Mais ie veux que Monsieur le Cardinal soit estranger, ne luy somme-snous pas d'autant plus obligez, de ce qu'il abandonne ses dieux domestiques, pour deffendre les nostres ? Et puis quand il seroit naturel Sicilien, comme ils le croyent, ce n'est pas à dire pour cela qu'il soit vassal du Roy d'Espagne ; car l'Histoire est tesmoin, que nos Lys ont plus de droict à la souueraineté de cét Estat, que les Chasteaux de Castille.

Mais ils sont tres-mal informez de son berceau : car encore que la maison des Mazarins fust originaire de Sicile, Monsieur le Cardinal est né dans Rome ; Et puis qu'il est Citoyen d'vne Ville neutre, il a pû par consequent s'attacher aux interests de la Nation qu'il a voulu choisir : On sçait bien que le peuple à Rome, & les Nobles & les Cardinaux, s'attachent ainsi à la protection particuliere ou d'vn Roy, ou d'vn Prince, ou d'vne Republique : Il y en a qui tiennent pour la France, d'autres pour l'Espagne, d'autres pour d'autres Souuerains, & son Eminence embrassant le bon droict de nostre cause, a voulu suiure l'exemple de Dieu, qui se range toûjours du party le plus iuste. Certes, l'heureux succez de nos armes a bien fait voir & l'excellence de son choix, & la iustice de nostre cause; & nostre Estat agrandy sous son Ministere, a bien tesmoigné qu'en sa faueur, le Ciel auoit fait sa querélle de la nostre. Aussi presque tous ceux qui ont demandé sa sortie, se sont depuis trouuez pensionnaires des ennemis de cette Couronne, & la gloire des belles actions de nostre grand Cardinal, qui multiplie ses rayons, ont bien fait voir que son esclat leur faisant mal aux yeux, ils ont imité les Loups de la fable, qui promettoient aux brebis de les laisser en paix, pourueu qu'elles esloignassent le chien de leur bergerie.

Enfin ces reformateurs d'Estat, qui coururent leurs noirs desseins sous le masque de bien public, n'ont autre chose à rechanter, sinon que Monsieur le Cardinal est Italien. Ouy ? mais dequoy se peuuent-ils plaindre, il n'auance que des François, & ceux dont la grandeur ne sçauroit faire d'ombre. Il n'a fait aucune creature ; & nous voyons à la Cour trente Seigneurs Italiens de fort grande Maison, dont les vns attirez par la proximité de sang auec luy, les autres par sa renommée, sont icy depuis dix ans à se morfondre, d'autant qu'il ne les a pas iugez vtiles au seruice du Roy. Cependant quelque sagesse qu'il employe à la conduite du Gouuernement, elle déplaist à nos politiques Bourgeois, ils décrient son Ministere. Mais ce n'est pas d'auiourd'huy que les mal-heureux imputent à la bonne fortune des autres, les mauuais offices de la leur. Dans le chagrin qui les ronge, ils se plaindroient de n'auoir pas dequoy se plaindre, parce que son Eminence n'a point fait de creatures, ils l'appellent ingrat; s'il en eut fait, ils l'auroient accusé d'ambition. A cause qu'il a poussé nos Frontieres en Italie, il est traistre à son Pays; & s'il n'eut point porté nos armes de ce costé-là, il se seroit entendu contre nous auecque ses compatriotes; Enfin de quelque biais qu'on auance la gloire de ce Royaume, son Eminence aura toûjours grand tort, à moins qu'elle fasse ses enuieux assez grands, pour ne luy plus porter d'enuie. Que le feu des calomnies pousse donc tant qu'il voudra sa violence contre elle, sa reputation est vn rocher au milieu des flots, que la tempeste laue au lieu d'esbranler, & cette mesme force qui le rend capable de supporter le faix d'vn Empire, ne l'abandonnera pas, quãd il sera question de supporter des injures.

La seconde battrie dressée contre luy, attaque sa naissance: Hé quoy! sommes-nous obligez d'instruire des ignorants volontaires; leur deuons nous apprendre, à cause qu'ils font semblant de ne le pas sçauoir, que la famille des Mazarins, de laquelle est sorty le pere

LES FRONDEVRS.

pere de Monsieur le Cardinal, est non seulement des plus nobles, mais encor des mieux alliez de toute l'Italie, & que les armes de son illustre race, sont des plus anciennes entre toutes celles dont la vieille Rome a conserué le nom. L'ignorance des sots auroit vn grand priuilege, si nous estions obligez d'escouter patiemment le rebours de toutes les veritez qui ne sont pas de sa connoissance.

Le peuple de la Place Maubert & des Hales, ne veulent pas tomber d'acord de ces veritez qui sont manifestes ; mais ce peuple ne seroit pas de la lie, s'il pouuoit estre sainement informé de quelque chose ; outre que c'est la coustume, quand il apperçoit des vertus éleuées d'vne hauteur ou sa bassesse ne peut atteindre, de s'en vanger à force d'en médire. Quoy que Monsieur le Cardinal de Richelieu fust tres-connu, qu'il sortist d'vne des plus anciennes maisons du Poitou, qu'il touchast de parenté aux Seigneurs François de la plus grande marque, & que nos Princes mesme partageassent auec luy le sang de leurs ayeuls, sa noblesse ne laissa pas de luy estre contestée. De semblables contes ne tarissent iamais dans la bouche des seditieux, qui cherchent par tout vn pretexte de refuser l'obeïssance qu'ils doiuent à ceux que le Ciel leur a donné pour Maistres.

Ils le poursuiuent encore, & l'accusent d'auoir protegé les Cardinaux Barberins. Eust-il esté honorable à la France d'abandonner des personnes sacrées qui reclament son secours, les Nepueux d'vn Pape qui auoit esté durant tout son regne le fidelle amy de la France ? Les autres Nations n'auroient-elle pas attribué ce delaissement à l'impuissance de les maintenir ? Et ce tesmoignage de foiblesse n'auroit-il pas porté grand coup à sa Majesté tres-Chrestienne, de qui l'Empire se soûtient autant sur sa reputation que sur sa force ?

Quand nos Calomniateurs se sentent pressez en cét endroit, ils changent de terrain, & crient qu'il a fait sur les peuples des extorsions espouuantables. Pour moy, ie ne sçay pas si la canaille entretient des intelligences dans les Royaumes estrangers, qui l'informent plus au vray du maniment des finances, que n'en sont instruits le Conseil, l'Espargne & la

Chambre des Comptes : Ie sçay bien cependant que la Cour du Parlement de Paris, qui l'accusoit du trãsport, ou du mauuais employ de tant de contants, apres auoir examiné dans vn si long loisir, les traitez & les negotiations de Cantarini, ne luy a pas mesme imputé la diuersion d'vn quart-d'escu ; & ie pense que ses ennemis n'eussent pas oublié de le charger de Peculat, s'il s'en fust trouué conuaincu, plutost que de faux crimes, dont ils ont en vain essayé de le noircir, manque de veritables ? Outre cela, le Royaume est-il chargé d'aucun impost, qui ne fust estably dés l'autre Regne ? Encor il me semble qu'on ne les exige point auec tant de rigueur, qu'il se pratiquoit alors; quoy que le fonds auancé par les traitans eust esté consommé dés le viuant de Monsieur le Cardinal de Richelieu, & qu'il ne faille pas laisser maintenant de continuer la Guerre contre les mesmes Ennemis? Croyent-ils donc qu'auec des feuilles de chesne, on paye cinq ou six Armées ? qu'on leue toutes les Campagnes de nouueaux Gens de guerre ? qu'on entretienne les correspondance qu'il faut auoir & dedans & dehors ? qu'on fasse reuolter des

Prouinces & des Royaumes entiers contre nos Ennemis ? Enfin qu'vn seul Ministre domine au fort de tous les Potentats de la terre, sans de prodigieuses sommes d'argent, qui seules sont capables de nous achepter la Paix ? Ouy, car Monsieur le Drapier se figure, qu'il en va du gouuernement d'vne Monarchie, comme des gages de sa Chambriere, ou de la pension de son fils Pierot.

Ils adjoûtent à leurs ridicules contes & hors de saison, que les choses ont reüssi tres-souuent au rebours de ce qu'il auoit conseillé. Ie le croy, car il est maistre de son raisonnement, non pas des caprices de la fortune. Nous voyons si souuent de bons succez authoriser de mauuaises côduites, & ie m'estonnerois bien dauantage, qu'à trauers les tenebres de l'auenir, vn homme peust auec les yeux de sa pensée, fixer vn ordre aux euenemens hazardeux, & par son attention conduire les aleures de la fatalité.

Quand ces causeurs ont esté repoussez à cette attaque, ils luy reprochent vn Palais qu'il a fait bastir à Rome; mais qu'ils apprennent qu'en cette Cour là le moindre des Car-

LES FRONDEVRS. 237
dinaux y a le sien. Estant Cardinal François, la pompe d'vn Palais dans Rome, tourne à la gloire de la France, comme sa bassesse iroit dans l'esprit des Italiens à la honte de nostre Nation. Il y a eu de nos Roys (ie dis des plus Augustes) qui ont fourny liberalement à des Cardinaux des sommes tres considerables pour bastir leurs Palais, à condition que sur le portail ils fairoient arborer nos Fleurs de Lys; & mal-gré tant de motifs specieux, vn miserable petit Mercier en roulant ses rubans, ne trouue pas à propos que Monsieur le Cardinal fasse bastir à ses despens vne Maison.

La canaille murmure encore, & crie qu'il n'a aucun lieu de retraite, si la France l'abandonnoit. Hé! quoy donc, Messieurs les aueugles, à cause que pour vous proteger & conseruer, il s'est fait des ennemis par toute la terre, c'est vn homme détestable & abominable, & vous le iugez indigne de pardon. Sa faute en effet n'est pas pardonnable, d'auoir si fidellement seruy des ingrats; Et Dieu qui le vouloit donner en exemple à ceux qui s'exposent pour le peuple, a permis que s'estãt comporté aussi genereusement que Phocion, Pe-
G g iij

ricles, & Socrate, il ait rencontré d'auſſi meſ-
chans Citoyens, que ceux qui condamnerent
jadis ces grands hommes.

On le blaſme enſuite de ce qu'il a refuſé la
Paix, & ma Blanchiſſeuſe m'a iuré que l'Eſ-
pagne l'offroit à des conditions tres-vtiles &
tres-honorables pour ce Royaume. J'exhor-
te les Sages, qui ne doiuent pas iuger ſur des
apparences, de ſe reſſouuenir que le temps
auquel nos Plenipotentiers ont refuſé de la
conclure, eſt lors que commancerent les plus
violents accez de la reuolte de Naples, & que
la fortune ſembloit alors nous offrir la reſtitu-
tion d'vn Eſtat qui nous appartient. Il euſt eſté
contre toutes les regles de la prudence humaine, d'en negliger la conqueſte, qui nous
eſtoit comme aſſeurée; outre que le Roy Catholique, ayant touſiours inſiſté que nous
abandonnaſſions les intereſts du Roy de Por-
tugal, il ne nous eſtoit pas licite (à moins
de paſſer pour la plus perfide des Nations) de
ſigner la Paix, ſans qu'il fuſt compris dans le
traité, puis qu'il n'auoit hazardé que ſur noſtre
parole de remettre la Couronne ſur la teſte de
ſa race.

LES FRONDEVRS.

Mais voicy le dernier choc & le plus violent dont ils pretendent obscurcir la splendeur de sa gloire. Il est, disent-ils, autheur du Siege de Paris. Ie leur responds en premier lieu, qu'il l'a dû conseiller, la Reyne Regente ayant esté aduertie de plusieurs complots qui se brassoient contre la personne du Roy. Cependant le bruit mesme commun tombe d'accord qu'il n'a pas esté le premier à prester sa voix pour la resolution de cette entreprise; & qu'au contraire, on l'a tousiours blasmé d'auoir pris des voyes trop panchées à la douceur. Deplus, pourquoy vouloir qu'il ait ordonné luy seul l'enleuement de nostre jeune Monarque? Les gens du mestier sçauent qu'il n'est pas seul dans le Conseil, & qu'il n'y porte son opinion que comme vn autre? Bien loing donc d'auoir esté le seul autheur de ce dessein, il n'a pas mesme souffert qu'on executast contre la Ville les choses, qui sans doute eussent hasté sa reduction, parce qu'elles semblerent à son naturel humain vn peu trop cruelles: Et si les Parisiens me demandent qu'elles sont ces choses, ie leur feray connoistre qu'il pouuoit par exemple, auec beaucoup de iustice, faire punir de mort les prisonniers de Guerre en qualité de traistres & de rebelles à leur Roy: Il pouuoit d'ailleurs en vne nuit, s'il l'eut voulu, auec l'intelligence qu'il auoit au dedans, faire saccager & bruler les Faux-bourgs, qui n'estoient que fort foiblement gardez; chasser les fuyars dans la ville pour l'affamer, ou bien les passer au fil de l'espée à l'exemple de Henry IV. qui fit des veufues en moins d'vn iour de la moitié des femmes de Paris, & diminuer par cette saignée la fiévre des Habitans: Mais au lieu de ces actes d'hostilité, il deffendit mesme d'abattre les Moulins qui sont autour de la Ville, quoy qu'il sceust que par leur moyen elle receuoit continuellement force bleds, & encore qu'il eut auis de toutes les marches de leurs Gens de guerre, il faisoit souuent détourner les Trouppes Royales des routes de nos Conuois, pour n'estre point obligé de nous affamer & nous battre en mesme temps.

Il a donc assiegé Paris, mais de qu'elle façon? Comme celuy qui sembloit auoir peur de le prendre; comme vn bon pere à ses enfans, il s'est contenté de leur montrer les verges, &

les

les a long-temps menacez, afin qu'ils eussent le loisir de se repentir ; Et puis, à parler franchement, leur maladie estant vn effet de leur débauches, il estoit du deuoir d'vn bon Medecin de les obliger à faire vne diéte. En verité, s'il estoit permis de se dispenser à la raillerie, sur vne matiere de cette importance; Ie dirois que la veille des Roys, le nostre voyant dans sa Capitale tant d'autres Roys arriuez de nuit, il sortit contr'eux, & voulut essay.. de vaincre cinquante mille Monarques.

Voilà ie pense tous les chefs, par qui la canaille a tasché de rendre odieuse la personne de son Eminence, sans auoir iamais eu aucun legitime sujet de s'en plaindre : Cependant ils ne laissent pas de décrier ses plus esclatantes vertus, de blasmer son Ministere, & luy preferer son predecesseur. Mais par qu'elle raison ? ie n'en sçay aucune, si ce n'est peut-estre, parce que Monsieur le Cardinal Mazarin n'enuoye personne à la mort sans connoissance de cause ? parce qu'il n'a point vne Cour grasse du sang des peuples ? parce qu'il ne fait point trancher la teste à des Comtes, à des Mareschaux, & à des Ducs & Pairs ? parce qu'il n'esloigne pas les Princes de la connoissance des affaires ? parce qu'il n'est pas d'humeur à se vanger ? enfin, parce que mesme ils le voyent si moderé, qu'ils en preuoyent l'impunité de leurs attentats. Voilà pourquoy ces Factieux ne le iugent pas grand Politique : O! stupide vulgaire, vn Ministre benin te déplaist, prends garde de tomber dans le malheur des oiseaux de la Fable, qui ayant demandé vn Chef, ne se contenterent pas du gouuernement de la Colombe, que Iupiter leur donna, qui les gouuernoit paisiblement; & crierent tant apres vn autre, qu'ils obtinrent vn Aigle qui les deuora tous. Deffunct Monsieur le Cardinal estoit vn grād homme, aussi bien que son Successeur, mais n'ayant pas assez de hardiesse pour decider de leurs merites, ie me contenteray de faire souuenir tout le monde, que Monsieur le Cardinal de Richelieu eut l'honneur d'estre choisi pour estre son Ministre par le Roy Louys XIII. le plus iuste Monarque de l'Europe ; Et Monsieur le Cardinal Mazarin, par le Cardinal de Richelieu mesme, le plus grand Genie de son siecle.

Au reste on a tort d'alleguer que nous sommes dans vn Gouuernement, ou les Armes, les Lettres & la pieté sont méprisées : Ie soûtiens au contraire, qu'elles n'ont iamais esté si bien reconnuës ? Les Armes, tesmoin Messieurs de Gassion & de Rantzau, qui par son credit & son conseil, ont esté faits Mareschaux de France, sans parler de Monsieur le Prince, qui des bien faits de la Reyne, possede plus luy seul que quelques Roys de l'Europe. La pieté, tesmoin le Pere Vincent, qu'elle a commis pour iuger des mœurs, de la conscience, & de la capacité de ceux qui pretendent aux Benefices Les Lettres, tesmoin le iudicieux choix qu'il a fait d'vn des premiers Philosophes de nostre temps, pour l'education de Monsieur le Frere du Roy ? Tesmoin le docte Naudé qu'il honore de son estime, de sa table & de ses presens ? Et bref, tesmoin cette grande & magnifique Bibliothecque, bastie pour le public, à laquelle par son argent & ses soins, tous les Sçauans de l'Europe contribuent : Qu'adjoûter, Messieurs, apres cela ? rien, sinon que la gloire de ce Royaume ne sçauroit monter plus haut, puisqu'elle est en son Eminence. Ne trouuez-vous pas à propos que le peuple cesse enfin de lasser la patiēce de son Prince, par les outrages qu'il fait à son Fauory, qu'il accepte auec respect le pardō qu'on luy presente sans le meriter ? Non, Monsieur, il ne le merite pas ; car est-ce vne faute pardonnable, de se rebeller contre son Roy, l'Image viuante de Dieu; tourner ses armes cōtre celuy qu'il nous a donné, pour exercer & sur nos biens & sur nos vies, les fonctions de sa toute puissance ? N'est-ce pas accuser d'erreur la Majesté Diuine, de controller les volontez du Maistre qu'elle nous a choisi. Ie sçay bien que l'on peut m'objecter que les particuliers d'vne Republique ne sont pas hors la voye de salut : Mais il est tres-vray neantmoins, que comme Dieu n'est qu'vn à dominer tout l'Vniuers, & que comme le Gouuernement du Royaume Celeste est monarchique, celuy de la Terre le doit estre aussi. La saincte Escriture fait foy que Dieu n'a iamais ordonné vn seul estat populaire, & quelques Rabins asseurent, que le peché des Anges fut d'auoir fait dessein de se mettre en Republique. Ne voyons nous pas mesme, qu'il a long-temps auparauant sa

venuë, donné Dauid pour Roy au peuple d'Iſ-
raël, & que depuis noſtre Redemption, il a
fait deſcendre du Ciel la ſaincte Ampoule,
dont il a voulu que nos Roys fuſſent ſacrez,
afin de les diſtinguer par vn caractere ſurna-
turel de tous ceux qui naiſtroient pour leur
obeïr. L'Egliſe militante, qui eſt l'Image de
la triomphante, eſt conduite monarchique-
ment par les Papes; Et nous voyons que iuſqu'aux maiſons particulieres, il faut qu'elles
ſoient gouuernées par vne eſpece de Roy, qui
eſt le Pere de famille ; C'eſt comme vn premier reſſort dans la ſocieté, qui meut nos
actions auec ordre; & c'eſt cét inſtinct ſecret,
qui neceſſite tout le monde à ſe ſoûmettre aux
Roys. Le peuple à beau taſcher d'eſteindre en
ſon ame cette lumiere qui le guide à la ſoû-
miſſion, il eſt à la fin emporté malgré luy par
la force de ce premier mobile, & contraint de
rendre l'obeïſſance qu'il doit. Mais cependant celuy de Paris a bien eu la temerité de leuer ſes mains ſur l'oint du Seigneur, alleguant
pour pretexte, que ce n'eſt pas au Roy qu'il
s'attaque, mais à ſon fauory ; comme ſi de
meſme qu'vn Prince eſt l'image de Dieu, vn

Hh iij

Fauory n'estoit pas l'image du Prince. Mais c'est encor trop peu de dire l'image, il est son fils? Quand il engendre selon la chair, il engendre vn Prince? Quand il engendre selon sa dignité, il engendre vn Fauory. En tant qu'homme, il fait vn successeur; En tant que Roy, il fait vne creature; Et s'il est vray que la création soit quelque chose de plus noble que la generation, parce que la création est miraculeuse, nous deuons adorer vn Fauory, comme estant le miracle d'vn Roy: Ainsi quand mesme ce ne seroit que contre son Eminence, qu'il prend les armes, pense t'il estre Chrestien, lors qu'il attente aux iours d'vn Prince de l'Eglise? Non, Monsieur, il est apostat, il offense le sainct Esprit, qui preside à la promotion de tous les Cardinaux; & vous ne deuez point douter, qu'il ne punisse leur sacrilege aussi rigoureusement, qu'il a puny le massacre du Cardinal de Lorraine, dont la mort, quoy que iuste, seigna durant vingt ans par les gorges de quatre cent mille François: Mais encore, quel fruict peut-il se promettre d'vne rebellion, qui ne peut iamais reüssir; Et quand mesme elle reüssiroit, iusqu'à renuerser la Monarchie de fonds en comble, quel auantage en recueilleroit-il ? Tel qui ne poſſede aujourd'huy qu'vn manteau, n'en ſeroit pas alors le maiſtre. Il ſeroit autheur d'vne deſolation eſpouuantable, dont les petits fils de ſes arrieres nepueux ne voiroient pas la fin ? Encor eſt-il bien groſſier, s'il ſe perſuade que la Chreſtienté puiſſe voir, ſans y prendre intereſt, la perte du fils aiſné de l'Egliſe ? Tous les Roys de l'Europe n'ont-ils pas intereſt à la conſeruation d'vn Roy, qui les peut remonter vn iour ſur leurs Trônes, ſi leurs Sujets rebelles les en auoient fait tresbucher ? Et ie veux que cette reuolution arriuaſt ſans vn plus grand bouluerſement que celuy dont ſaigne encor aujourd'huy la Hollande. Ie ſoûtiens que le gouuernement populaire eſt le pire fleau, dont Dieu afflige vn eſtat, quand il le veut chaſtier ? N'eſt-il pas contre l'ordre de la nature, qu'vn Baſtelier ou vn Crocheteur, ſoient en puiſſance de condamner à mort vn General d'Armée; & que la vie du plus grand perſonnage ſoit à la diſcretion des polmons du plus ſot, qui à perte d'haleine, demandera qu'il meure. Mais grace à Dieu, nous ſommes

fort esloignez d'vn tel cahos : On se cache desia pour dire le Cardinal, sans Monseigneur, & chacun commence à se persuader qu'il est mal-aisé de parler comme les Maraux, & de ne le pas estre. Aussi quãd tout le Royaume se seroit ligué contre luy, i'estois certain de sa victoire, car il est fatal aux Iules de surmonter les Gaules. I'espere donc que nous voirons bien-tost vne révnion generale dans les esprits, & vne harmonie parfaite entre les diuers membres du corps de cét Estat. Comme Monsieur de Beaufort n'est animé que du Sang de France, il n'est pas croyable que ce Sang ne le retienne, quand il voudra rougir son fer dans le sein de sa Mere ; Et de mesme que les ruisseaux, apres s'estre esgarez quelque temps, reuiennent enfin se révnir à l'Occean, d'où ils s'estoient eschapez. Ie ne doute pas que cét illustre Sang ne se rejoigne bien-tost à sa source, qui est le Roy. Pour les autres chefs de party, ie n'ay garde de si mal penser d'eux, que de croire qu'ils refusent de marcher sur les pas d'vn exemple si heroïque. Il me semble que ie les voy desia s'incliner de respect deuant l'image du Prince; Ils sont trop
iustes,

iuſtes, faiſant reflexion ſur ce que les premiers de leurs races ont receu de la faueur des Roys precedens, pour vouloir empeſcher que le ſort d'vne autre Maiſon ſoit regardé à ſon tour d'vn aſpect auſſi fauorable.

Monſieur le Coadjuteur ſçait bien que le Duc de Rets, ſon grand pere, fut Fauory de Henry III. Monſieur de Briſſac peut auoir leu que ſon ayeul fut éleué aux charges & aux dignitez par le Roy Henry IV. Monſieur de Luynes a veu ſon pere eſtre le tout-puiſſant ſur le cœur & la fortune du Roy Louys XIII. & Monſieur de la Mothe-Houdancourt ſe ſouuient peut-eſtre encore du temps qu'il eſtoit en faueur ſous le Fauory meſme du Roy deffunct. Ils n'ont donc pas ſujet de ſe plaindre, que Monſieur le Cardinal ſoit dans ſon Regne, ce qu'eſtoient leurs ayeuls, où ce qu'ils ont eſté eux-meſmes dans vn autre.

Mais quand toutes ces conſiderations ſeroient trop foibles pour les rappeller à leur deuoir, ils ſont genereux, & l'apprehenſion de paroiſtre ingrats aux biens-faits qu'ils ont receus de ſa Majeſté, fera qu'ils aimeront mieux oublier leurs mécontentemens, que de passer pour méconnoissants ; Et l'exemple de mille traistres, qui ont payé les faueurs de la Cour par des injures, ne portera aucun coup sur leur esprit ? Qui sçait trop que l'ingratitude est vn vice de coquin, dont la Noblesse est incapable. Il n'appartient qu'à des Poëtes du Pont-neuf, comme Scarron, de vomir de l'escume sur la Pourpre des Roys & des Cardinaux, & d'employer les liberalitez qu'il reçoit continuellement de la Cour, en papier qu'il barboüille contre elle. Il a bien eu l'effronterie (apres s'estre vanté d'auoir receu de la Reyne mille francs de sa pension) que si on ne luy en enuoyoit encore mille, il n'estoit pas en sa puissance de retenir vne nouuelle Satyre, qui le pressoit pour sortir au iour, & qu'il conjuroit ses amis d'en auertir au plutost, parce qu'il n'estoit pas en sa puissance de la retenir plus long-temps : Hé bien! en verité, a-t'on veu dans la suitte de tous les siecles, quelque exemple d'vne ingratitude aussi effrontée. Ha! Monsieur, c'est sans doute à cause de cela que Dieu, qui en a preueu la grandeur & le nombre pour le punir assez, a deuancé il y a desia vingt ans, par vne mort continuë, le chastiment des crimes qu'il n'auoit pas commis encore, mais qu'il deuoit commettre. Permettez-moy, ie vous supplie, de détourner vn peu mon discours pour parler à ces rebelles. Peuple seditieux, accourez pour voir vn spectacle digne de la Iustice de Dieu ; C'est l'espouuantable Scarron, qui vous est donné pour exemple, de la peine que souffriront aux Enfers, les ingrats, les traistres, & les calomniateurs de leurs Princes. Considerez en luy de quelles verges le Ciel chastie la calomnie, la sedition & la médisance ! Venez, Escriuains Burlesques, voir vn Hospital toute entier dans le corps de vostre Apollon ! Confessez, en regardant les Escroüelles qui le mangent, qu'il n'est pas seulement le malade de la Reyne, comme il se dit, mais encor le malade du Roy. Il meurt chaque iour par quelque membre, & sa langue reste la derniere, afin que ses cris vous apprennent la douleur qu'il ressent. Vous le voyez, ce n'est point vn conte à plaisir ; depuis que ie vous parle, il a peut-estre perdu le nez où le menton : Vn tel spectacle ne vous excite-t'il point à penitence ;

Admirez endurcis, admirez, les secrets iugements du Tres-haut ; Escoutez d'vne oreille de contrition cette parlante momie ; Elle se plaint qu'elle n'est pas assez d'vne, pour suffire à l'espace de toutes les peines qu'elle endure. Il n'est pas iusqu'aux Bien-heureux, qui en punition de son impieté & de son sacrilege, n'enseignent à la nature de nouuelles infirmitez pour l'accabler : Desia par leur Ministere, il est accablé du mal de sainct Roch, de sainct Fiacre, de sainct Clou, de saincte Renne, & afin que nous comprissions par vn seul mot tous les ennemis qu'il a dans le Ciel. Le Ciel, luy-mesme, a ordonné qu'il seroit malade de Sainct. Admirez donc, admirez, combien sont grands & profonds les secrets de la Prouidence ? Elle connoissoit l'ingratitude des Parisiens enuers leur Roy, qui deuoit esclater en mil six cens quarante-neuf ; mais ne souhaitant pas tant de victimes, elle a fait naistre quarante ans auparauant vn homme assez ingrat, pour expier luy seul tous les fleaux qu'vne Ville entiere auoit meritée. Profitez donc, ô Peuple, de ce miracle espouuantable ; & si la consideration des flâmes eternelles

LES FRONDEVRS.

est vn foible motif pour vous rendre sages, & pour vous empescher de respandre vostre fiel sur l'escarlate du Tabernacle ; qu'au moins chacun de vous se retienne par la peur de deuenir Scarron. Vous excuserez, s'il vous plaist, Monsieur, ce petit tour de promenade, puis que vous n'ignorez pas que la charité Chrestienne nous oblige de courir au secours de nos semblables, qui sans l'apperceuoir ont les pieds sur le bord d'vn precipice, prés à tomber dedans : Vous n'en auez pas besoin, vous qui vous estes toûjours tenu pendant les secousses de cét Estat, fortement attaché au gros de l'arbre ; Aussi est-ce vn des motifs le plus considerable, pour lequel ie suis, & seray toute ma vie,

MONSIEVR,

Vostre tres-humble, tres-
obeïssant, & tres-
affectionné seruiteur,
DE CYRANO BERGERAC.

THESEE
A
HERCVLE.
LETTRE XXI.

COMME c'est de l'autre monde que ie vous escris, ô mon cher Hercule, ne vous estonnerez-vous point, qu'au delà du Fleuue d'oubly, ie me souuienne encore de nostre amitié, & que i'en conserue le souuenir en des lieux où vient faire nauffrage la memoire des hommes : Ha! ie preuoy que non, vous sçauez trop que cette communauté, dont l'estime l'vn de l'autre auoit lié nos ames, n'est point vn nœud que la Mort puisse débarasser : Et les Enfers mesme inaccessibles où ie suis retenu, ne sont pas assez loing, pour

A HERCVLE.

empescher que mes soûpirs aillent iusques à vous. Ie sçay qu'on vous a veu fremir, & trembler de couroux contre le tyran de la nuit, dont ie souffre le rigoureux empire, & que le grand Hercule, apres auoir escorné des Taureaux, deschiré des Lyons, estranglé des Geants, & porté sur ses espaules la Machine du monde, que Athlas n'auoit pû soustenir, il n'est pas homme à craindre les abois d'vn chien qui veille à la porte de ma prison ; C'est vn monstre qui n'a que trois testes, & l'Hidre qu'il sçeut dompter en auoit sept, dont chacune renaissoit en sept autres : Donc, ô vous triomphant Protecteur du Ciel, venez acheuer sur vos ennemis la derniere victoire; Venez en ces Cauernes obscures rauir à la mort mesme le priuilege de l'immortalité; & enfin resoluez-vous vne fois de satisfaire au suspens, où la terreur de vostre bras tient toute la nature. Vous auez assez fait voler vostre nom sur les Montagnes de la terre, & les Estoilles du firmament : Songez à ceux, qui au centre du monde, languissent accablez du poids de la terre, pour auoir combattu sous vos enseignes ? Vous imagineriez-vous bien l'eftat auquel eft reduit l'infortuné Thefée. Aujourd'huy que fes plaintes font retentir fes mal-heurs iufqu'aux climats que le Soleil efclaire, il eft au quartier le plus trifte & le plus funefte des champs Elifées, affis fur la fouche d'vn cyprés efclaté du Tonnerre, incertain s'il vous doit enuoyer vne Requefte, ou fon Epitaphe. L'oreille affiegée, & fa veuë offenfée du croaffement des Corbeaux, & du cry cōtinu d'vn nüage d'Orfrayes, la tefte appuyée fur le marbre noir d'vn monument, au milieu d'vn Cymetiere efpouuantable, qu'enuironne des riuieres de fang, où flottent des corps morts, & dont la courfe pefante n'eft excitée que par le fon lugubre des fanglots, qu'expirent les ames qui la trauerfent. Voilà, ô Heros inuincible, le fatal employ qui moiffonne les années que ie deurois paffer plus glorieufement à voftre feruice : Mais encor, afin qu'aucune circonftance fafcheufe ne manque à ma douleur, ie fuis tourmenté non feulement par le mal mefme, mais encore par fon eternelle veuë. Ie vous diray que l'autre iour (excufez-moy fi ie parle de cette façon dans vn lieu remply de tenebres, où

l'aueugle-

A HERCVLE.

l'aueuglement reigne par tout, & chez qui toutes sortes d'objets portent le deüil perpetuel) l'autre iour donc, cependant que la rigueur des aspects les plus infortunez, dont vn maudit climat puisse estre regardé mortellement : Ie reconnus tout interdit l'horrible manoir des parques, qui détournoient leurs regards sur les miens. Ie fus long-temps occupé à contempler ces meres homicides du Genre humain, qui tenoient penduës à leurs fuseaux les superbes arbitres de la liberté des peuples, & deuidoient aussi negligemment la soye d'vn glorieux Tyran, que le fil d'vn simple Berger. Ie les coniuré par mes larmes de filer plus promptement ma vie, ou d'en rõpre la trame, & puis que la peur de la Mort me tourmentoit dauantage que la Mort mesme, qu'elles eussent la bonté de me sauuer de cent mille par vne seule : Mais ie leus dans leurs yeux qu'elles auoient decreté de ne me pas accorder si-tost ma priere ; Cette compagnie espouuantable m'obligea de quitter ma demeure : Mais helas ! ie tombe dans vn autre encor plus affreuse ; c'estoit vn vaste Marais flottant, où le hazard m'ayant engagé, ie me vis à la discretion de cent mille viperes, qui n'en ont point, & qui de leurs langues toutes brûlantes de venin, ayant succé sur mes jouës le douloureux dégorgement de mon cœur, me rendoient à la place l'air de leurs sifflements pour respirer. Là ie vis ces fameux coupables, que leurs crimes ont condamnez à d'extresmes supplice, se reproduire au feu qui les consommoit, supporter dans la flâme tous les tourmens insuportables de la gelée; & sous l'impitoyable empire d'vne eternité violente, n'auoir plus rien de leur estre que la puissance de souffrir. I'y rencontre Sizife au coupeau d'vne Montagne, pleurant la perte de la Roche qui luy venoient d'eschapper : Titie ressusciter sans cesse à l'insfatiable faim du Veautour qui le bequetoit : Ixion perdre à chaque tour de la rouë qu'il fait tourner, la memoire du precedent. Tantalle deuoré par les viandes mesme, qu'il tasche en vain de deuorer; & les Danayides occupées à remplir eternellement vn vaisseau percé qu'elles ne pouuoient emplir. Il y auoit là tout proche vn buisson fort espais, sous lequel i'apperceus au trauers des fortifications de ce labirinthe vegetatif, la maigre enuie, qui les regards fichez affreusement contre terre, les mains jaunes & seiches, les cuisses tremblantes & décharnées, l'estomach colé sur les costes, l'haleine contagieuse, la peau corroyée par la chaleur de l'atre bille, maschoit en vomissant la moitié d'vn crapot à demy digerée. I'eus ensuite la conuersation des furies occupées à des actions si brutalles, que ie les abandonne à l'imagination, de peur que le recit n'esloigne de vostre courage, par son horreur, le dessein de me secourir. Voilà qu'elle est mon infortune, ô genereux Prince ; l'expression que ie vous en ay faite n'est point pour appeller vostre bas vangeur à mon secours, car ie flétrirois la gloire du grand Alcide, si ie donnois quelque iour à penser qu'il eust esté besoin d'employer des paroles pour l'exciter à produire vne action vertueuse ; & ie suis asseuré que le temps qu'il consommera pour la lecture de ma Lettre, est le seul qui retardera le premier pas du voyage, dont ie dois attendre ma liberté : Mais cependant, ie ne trouue pas lieu de la finir ; car auec qu'elle appa-

rence ; moy qui suis necessiteux du seruice de tout le monde, m'oserois-ie dire, ô
grand Hercule,

Vostre seruiteur,
THESEE.

SVR
VNE ENIGME,
QVE
L'AVTHEVR ENVOYOIT
à Monsieur de ✶✶✶✶✶✶.

LETTRE XXII.

M ONSIEVR,

Pour reconnoiſtre le preſent dont m'enrichit ces iours paſſez voſtre belle Enigme, i'ay crû eſtre obligé de m'acquiter auec vous par vne autre ſemblable; Ie dis ſemblable, à l'eſgard du nom d'Enigme qu'elle porte : car quant à la ſublimité du caractere de la voſtre, ie recounois le mien ſi fort au deſſous, que ie ſerois vn temeraire d'oſer ſuiure ſon vol ſeulement des yeux de la pensée. Si pourtant elle est assez heureuse pour se voir receuë en qualité de suiuante auprès de la vostre, son pere sera trop honoré. Ie vous aduouë qu'elle est en impatience de vous entretenir : Si donc vostre bonté luy veut accorder cette grace, vous n'auez qu'à continuer la lecture de cette Lettre.

ENIGME
Sur le Sommeil.

IE nâquis neuf cens ans auparauant ma sœur, & toutesfois elle passe pour mon aisnée, ie croy que sa laideur & sa difformité sont causes de cette méprise : Il n'y a personne qui n'abhore sa compagnie & sa conuersation, il ne sort iamais de sa bouche vne bonne nouuelle ; & quoy qu'elle ait plus d'Autels sur la terre, qu'aucune des autres diuinitez, elle ne reçoit point de sacrifices agreables que les vœux des desesperez. Mais moy qui charme tout ce que i'approche, ie ne passe aucun iour

ENIGME.

fans voir tomber à mes pieds, ce qui respire dans l'air sur la mer & sur la terre. Ie trouue mon berceau dans le cercueil du Soleil, & dedans mon cercueil le Soleil trouue son berceau. Ce que l'homme a iamais veu de plus aimable & de plus parfait, se forma le premier iour de mon reigne. La nature a fondé mon trosne, & dressé ma couche au sommet d'vn Palais superbe, dont elle a soin, quand ie repose, de tenir la porte fermée; & l'ouurage de cét edifice est elabouré auec tant d'art, que personne iamais n'a connu l'ordre & la symetrie de son architecture : Enfin ie fais ma demeure au centre d'vn labirinthe inexplicable, où la raison du sage & du fol, du sçauant & de l'idiot, s'esgarent de compagnie. Ie n'ay point d'hoste que mon pere, & quoy qu'il soit pourueu de facultez beaucoup plus raisonnables que ne sont les miennes, ie le fais pourtant marcher où ie veux, & ie dispose de sa conduite : Cependant i'ay beau le tromper, peu d'heures le desabusent si clairement, qu'il se promet (quoy qu'en vain) de ne se plus fier à mes mensonges; car i'attache aux fers, malgré luy, les cinq esclaues qui le seruent; aussi-tost qu'ils font fatiguez, ie les contrains bon gré, malgré, de s'abandonner à mes caprices; Ce n'est pas qu'il n'essaye de fuïr ma rencontre, mais ie me cache pour le guetter en des lieux si noirs & si sombres, qu'il ne manque iamais de tomber dans mon ambusche; Il se rend aussi-tost à la force du caractere, dont ma diuinité l'estonne, en sorte qu'il n'a plus d'yeux que pour moy; Ce n'est pas que ie n'aye d'autres puissants aduersaires, entre lesquels le plus considerable est l'ennemy iuré du silence, qui m'auroit desia plusieurs fois chassé des confins de son estat, si la plus grande partie de ses sujets ne s'estoient en ma faueur reuoltez contre luy? Et ces reuoltez-là, que la cause de la raison souleue contre leur tyran, sont les mieux reiglez; & les seuls qui viuent sous vne iuste harmonie, ils protegent mon innocence, font taire les vacarmes & les clameurs qui conspirent à ma ruine, m'introduisent peu à peu dans leur Royaume, & à la fin m'aident eux-mesmes, sans y penser, à m'en rendre le maistre. Mais ie pousse mes conquestes encore bien plus loing, ie partage auec le Dieu du Iour, l'estenduë & la durée de son empire;

que

ENIGME.

que si la moitié que ie possede, n'est pas la plus esclatante, elle est au moins la plus douce & plus tranquille. I'ay encore au dessus de luy cét auantage, que i'empiette, quand bon me semble, sur ses terres, & qu'il ne peut empietter sur les miennes. L'astre, dont l'Vniuers est esclairé, ne descend point de l'horison, que ie n'attache au ioug de mon char la moitié du Genre humain. Ie suscite, & ie conserue le trouble parmy les peuples, pour les maintenir en repos. Ils n'ont garde qu'ils ne m'aiment, car ie les traite tous selon leurs humeurs. Les guais, ie les meine aux festins, aux promenades, aux Bals, à la Comedie, & à tous les autres spectacles de diuertissemens : Les coleriques, ie les meine à la guerre, ie les poste à la teste d'vne puissante arme, leur fais ouurir trente escadrons à coup d'espée, gagner des battailles, & prendre des Roys prisonniers. Pour les mélancoliques, ie les enfonce aux plus noires horreurs d'vne solitude espouuantable, ie les monte aux faistes de cent Rochers affreux & inaccessibles, pour faire paroistre à leur veuë les abysmes encore plus profonds : Enfin, j'accorde à toutes sortes de gens des occupations de leur gouſt. Ie comble de biens les plus miſerables, & quelquefois, en dépit de la fortune, ie prends plaiſir à precipiter ſes mignons, iuſqu'au plus bas de ſa rouë. I'eſleue auſſi, quand il me plaiſt, vn coquin ſur le thrône, comme autrefois i'ay proſtitué vne Imperatrice Romaine aux ambraſſemens d'vn Cuiſinier? C'eſt moy, qui de peur que les Amants ne s'aillent vanter de leurs bonnes fortunes, ay ſoin de leur clore les yeux, auant qu'ils ſoient aux ruelles. C'eſt auſſi par mon Art, qu'on vole ſans plumes, qu'on marche ſans mouuoir les pieds ; Et c'eſt moy ſeul enfin, par qui l'on meurt ſans perdre la vie. Ie paſſe la moitié du temps à reparer l'embonpoint ; Ie recolore les iouës, & ie fais eſpanoüir ſur les viſages, & la roſe & le lys. Ie ſuis deux choſes enſemble bien diſſemblables, le truchement des Dieux, & l'interprette des ſots. Quand on me voit de prés, on ne ſçait qui ie ſuis, & l'on ne commence à me connoiſtre qu'alors qu'on m'a perdu de veuë ; l'Aigle qui regarde le Soleil fixement, ſille la paupiere deuant moy.

ENIGME.

Ie ne sçay pas si parmy mes Ancestres, on a compté quelque Lyon; mais à la campagne, le chant du Cocq me met ensuite; Et à parler franchement, i'ay de la peine moy-mesme à vous expliquer mon estre, à moins que vous vous figuriez que ce que fait faire à son sabot, vn petit garçon quand il le foüette, ie le fais faire à tout le monde. Hé bien, Monsieur, c'est là parler bien clair, & si ie gage que vous n'y entendez goutte; Or bien, sur ma foy, ie ne vous l'expliqueray pas, à moins que vous me le commandiez; car en ce cas-là, ie vous confesseray ingenument, que le mot que vous cherchez est le sommeil, & ie ne sçaurois m'en deffendre : Car ie suis, & seray toute ma vie,

MONSIEVR,

     Vostre tres-
     obeïssant.

LETTRES AMOVREVSES.

DE M^R

DE CYRANO BERGERAC.

A
MADAME ******.
LETTRE I.

ADAME,

 Pour vne personne aussi belle qu'Alcidiane, il vous falloit sans doute, comme a esté Heroine, vne demeure inaccessible ; car puis qu'on n'abordoit à celle du Roman que par hazard, & que sans vn hazard semblable on ne peut aborder chez vous ; ie croy que par enchantement vos charmes ont transporté ailleurs, depuis ma sortie, la Prouince où i'ay eu l'honneur de vous voir; Ie veux dire, Madame, qu'elle est deuenuë vne seconde Isle flottante, que le vent trop furieux de mes souspirs poussent & font reculer deuant moy, à mesure que i'essaye d'en approcher. Mes Lettres mesme, pleines de soûmissions & de respects, malgré l'art & la routine des Messagers les mieux instruits, n'y sçauroient aborder. Il ne me sert de rien que vos loüanges qu'elles publient, les fassent voler de toutes parts, elle ne vous peuuent rencontrer; & ie croy mesme, que si par le caprice du hazard ou de la renommée, qui se charge fort souuent de ce qui s'adresse à vous, il en tomboit quelqu'vne du Ciel dans vostre cheminée, elle seroit capable de faire éuanoüir vostre Chasteau. Pour moy, Madame, apres des auantures si surprenantes, ie ne doute quasi plus que vostre Comté n'ait changé de climat auec le Pays, qui luy est Antipode ; & i'apprehende que le cherchant dans la Carte, ie ne rencontre à sa place, comme on trouue aux extremitez du Septentrion, *Cecy est vne Terre où les Glaces empeschent d'aborder.* Ha! Madame, le Soleil à qui vous ressemblez,

& à

& à qui l'ordre de l'Vniuers ne permet point de repos, s'est bien fixé dans les Cieux pour esclairer vne victoire, où il n'auoit presque pas d'interest. Arrestez-vous pour esclairer la plus belle des vostres ; car ie proteste (pourueu que vous ne fassiez plus disparoistre ce Palais enchanté où ie vous parle tous les iours en esprit) que mon entretien muet & discret ne vous fera iamais entendre que des vœux, des homages & des adorations. Vous sçauez que mes Lettres n'ont rien qui puisse estre suspect? pourquoy donc apprehendez-vous la conuersation d'vne chose qui n'a iamais parlé. Ha Madame ! s'il m'est permis d'expliquer mes soupçons, ie pense que vous me refusez vostre veuë, pour ne pas communiquer auec vn profane, vn miracle plus d'vne fois: Cependant, vous sçauez que la conuersion d'vn incredule, comme moy, (c'est vne qualité que vous m'auez iadis reprochée) demanderoit que ie le visse plus d'vne fois. Soyez donc accessible aux tesmoignages de veneration, que i'ay dessein de vous rendre. Vous sçauez que les Dieux reçoiuent fauorablement la fumée de l'encens, que nous leurs

M m

brûlons icy bas, & qu'il manqueroit quelque chose à leur gloire, s'il n'estoient adorez? Ne refusez donc pas de l'estre; car si tous leurs attributs sont adorables, puis que vous possedez eminemment les deux principaux, la sagesse & la beauté, vous me feriez faire vn crime, m'empeschant d'adorer en vostre personne le diuin caractere que les Dieux ont imprimé, Moy principalement, qui suis & seray toute ma vie,

MADAME,

Vostre tres-humble
& tres-passionné
seruiteur.

AVTRE
LETTRE II.

M ADAME,

 Le feu dont vous me brûlez, à si peu de fumée, que ie défie le plus seuere Capuchon d'y noircir sa conscience, & son humeur, cette eschauffaison celeste, pour qui tāt de fois sainct Xauier pensa creuer son pourpoint, n'estoit pas plus pure que la mienne, puis que ie vous aime, comme il aimoit Dieu, sans vous auoir iamais veuë. Il est vray que la personne qui me parla de vous, fit de vos charmes vn Tableau si acheué, que tant que dura le trauail de son chef-d'œuure, ie ne pû m'imaginer qu'il vous peignoit, mais qu'il vous produisoit. C'a esté sur sa caution, que i'ay capitulé de me rendre, ma Lettre en est l'hostage. Traitez-là, ie vous prie, humainement, & agissez auec elle de bonne guerre, car quand le droict des gens ne vous y obligeroit pas, la prise n'est pas si peu considerable, qu'elle en puisse faire rougir le conquerant. Ie ne nie pas, à la verité, que la seule imagination des puissants traits de vos yeux, ne m'ait fait tomber les armes de la main, & ne m'ait contraint de vous demander la vie. Mais aussi, en verité, ie pense auoir beaucoup aidé à vostre victoire : Ie combattois, comme qui vouloit estre vaincu : Ie presentois à vos assauts toûjours le costé le plus foible, & tandis que i'encourageois ma raison au triomphe, ie formois en mon ame des vœux pour sa défaite : Moy-mesme, contre moy, ie vous prestois main-forte, & si le repentir d'vn dessein si temeraire me forçoit d'en pleurer, Ie me persuadois que vous tiriez ces larmes de mon cœur, pour le rendre plus combustible, ayant osté l'eau d'vne maison où vous vouliez mettre le feu ; & ie me confirmois dans cette pensée, lors qu'il me venait en memoire que le cœur est vne place au contraire des autres, qu'on ne peut garder, si l'on ne la brûle. Vous ne croyez peut-

AMOVREVSES.

estre pas que ie parle serieusement ? Si fait en verité, & ie vous proteste, si ie ne vous vois bien-tost, que la bille & l'amour me vont rotir d'vne si belle sorte, que ie laisseray aux vers du Cymetiere l'esperāce d'vn maigre desjeuné ? Quoy vous vous en riez : Non, non, ie ne me mocque point, & ie preuoy par tant de Sonets de Madrigaux & d'Elegies, que vous auez receus ces iours-cy de moy (qui ne sçay ce que c'est que Poësie) que l'amour me destiné au voyage du Royaume des Dieux, puis qu'il m'a enseigné la langue du Pays : Si toutefois quelque pitié vous émeut à differer ma mort, mandez-moy que vous me permettez de vous aller offrir ma seruitude; car si vous ne le faites, & bien-tost, on vous reprochera que vous auez, sans connoissance de cause, inhumainement tué de tous vos Seruiteurs, le plus passioné, le plus humble, & le plus obeïssant seruiteur, DE BERGERAC.

AVTRE
LETTRE III.

MADAME,

Vous me voulez du bien : Ha ! dés la premiere ligne, ie suis voſtre tres-humble tres-obeïſſant & tres-paſſionné ſeruiteur ; car ie ſens déſia mon ame par l'excés de ſa ioye, ſe répandre ſi loing de moy, qu'elle aura paſſé ſur mes lévres, auparauant que i'aye le temps de finir ainſi ma Lettre : Toutesfois la voilà concluë, & ie puis, ſi ie veux, la fermer, Auſſi bien, puiſque vous m'aſſeurez de voſtre affection, tant de lignes ne ſont pas neceſſaires contre vne place priſe, & n'eſtoit que c'eſt la couſtume qu'vn Heros meure de bout, & vn Amoureux, en ſe plaignant, i'aurois pris congé de vous & du Soleil, ſans vous le faire ſçauoir ; mais ie suis obligé d'employer les derniers soûpirs de ma vie à publier, en vous disant Adieu, que i'expire d'amour, vous sçaurez bien pour qui. Vous croirez peut-estre, que le mourir des Amants, n'est autre chose qu'vne façon de parler, & qu'à cause de la conformité des noms de l'amour & de la mort, ils prennent souuent l'vn pour l'autre : mais ie suis fort asseuré que vous ne douterez pas de la possibilité du mien, quand vous aurez consideré la violence & la longueur de ma maladie, & moins encore, quand apres auoir leu ce discours, vous trouuerez à l'extremité,

MADAME,

      Vostre
      seruiteur.

AVTRE.

LETTRE IV.

MADAME,

Bien loin d'auoir perdu le cœur quand ie vous fis hommage de ma liberté, ie me trouue au contraire depuis ce iour-là, le cœur beaucoup plus grand: ie pense qu'il s'est multiplié, & que comme s'il n'estoit pas assez d'vn pour tous vos coups, il s'est efforcé de se reproduire en toutes mes arteres où ie le sens palpiter, afin d'estre present en plus de lieux, & deuenir luy seul, le seul objet de tous vos traits. Cependant, Madame, la franchise, ce thresor precieux pour qui Rome autrefois a risqué l'Empire du monde: Cette charmante liberté vous me l'auez rauie; & rien de ce qui chez l'ame se glisse par les sens, n'en a
fait

fait la conqueste, vostre esprit seul meritoit cette gloire: sa vivacité, sa douceur, son étenduë, & sa force, valoient bien que ie l'abandonnasse à de si nobles fers : Cette belle & grande ame, esleuée dans vn Ciel, si fort au dessus de celuy de la raisonnable, & si proche de l'intelligible, qu'elle en possede éminemmēt tout le beau; Et ie dirois mesme beaucoup du souuerain Createur qui l'a formée, si de tous les attributs, qui sont essentiels à sa perfection, il ne manquoit en elle celuy de misericordieuse; Ouy, si l'on peut imaginer dans vne Diuinité quelque deffaut, ie vous accuse de celuy-là? Ne vous souuiēt-il pas de ma dernier visite, ou me plaignant de vos rigueurs, vous me promites au sortir de chez vous, que ie vous retrouuerois plus humaine, si vous me retrouuiez plus discret, & que ie vinsse, en me disant adieu, le lendemain, parce que vous auiez resolu d'en faire l'espreuue : Mais helas ! demander l'espace d'vn iour, pour appliquer le remede à des blessures qui sont au cœur? N'est-ce pas attendre, pour secourir vn malade, qu'il ait cessé de viure; & ce qui m'estonne encor d'auantage, c'est que vous défiant

N n

que ce miracle ne puisse arriuer, vous fuyez de chez vous pour éuiter ma rencontre funeste : Hé bien ! Madame, hé bien ! fuyez-moy, cachez-vous, mesme de mon souuenir; on doit prendre la fuite, & l'on doit se cacher quand on a fait vn meurtre? Que dis-je, grands Dieux : Ha ! Madame, excusez la fureur d'vn desesperé; non, non, paroissez, c'est vne loy pour les hommes, qui n'est pas faite pour vous ; car il est innoüy que les Souuerains ayent iamais rendu compte de la mort de leurs esclaues; Ouy, ie dois estimer mon sort tres-glorieux, d'auoir merité que vous prissiez la peine de causer sa ruine ; car du moins, puisque vous auez daigné me haïr, ce sera vn tes-moignage à la posterité, que ie ne vous estois pas indifferent. Aussi la mort, dont vous auez crû me punir, me cause de la joye ? Et si vous auez de la peine à comprendre qu'elle peut-estre cette ioye, c'est la satisfaction secrette que ie ressens d'estre mort pour vous, en vous faisant ingrate : Ouy, Madame, ie suis mort, & ie preuoy que vous aurez bien de la difficulté à conceuoir, comment il se peut faire, si ma mort est veritable, que moy-mesme ie vous en mande la nouuelle: Cependant il n'eſt rien de rien de plus vray ; mais apprenez que l'homme à deux treſpas à ſouffrir ſur la terre, l'vn violent, qui eſt l'amour, & l'autre naturel, qui nous rejoint à l'indolence de la matiere. Et cette mort, qu'on appelle amour, eſt d'autant plus cruelle, qu'en commençant d'aimer, on commance auſſi-toſt à mourir. C'eſt le paſſage reciproque de deux ames qui ſe cherchent, pour animer en commun ce qu'ils aiment, & dont vne motié ne peut eſtre ſeparée de ſa moitié, ſans mourir, comme il eſt arriué,

MADAME, A

Voſtre fidelle
ſeruiteur.

AVTRE

LETTRE V.

Madame,

Suis-ie condamné de pleurer encore bien long-temps; Hé ie vous prie, ma belle Maistreſſe, au nom de voſtre bon Ange, faites-moy cette amitié, de me découurir là deſſus voſtre intention, afin que i'aille de bonne-heure retenir place aux Quinze-Vingts, parce que ie preuoy, que de voſtre courtoiſie, ie ſuis predeſtiné à mourir aueugle; Ouy aueugle (car voſtre ambition ne ſe contenteroit pas que ie fuſſe ſimplemēt borgne?) N'auez-vous pas fait deux alambics de mes deux yeux, par où vous auez trouué l'inuention de diſtiler ma vie, & de la conuertir en eau toute claire; En verité, ie ſoupçonnerois (ſi ma mort vous

AMOVREVSES.

estoit vtile, & si ce n'estoit la seule chose que ie ne puis obtenir) de vostre pitié, que vous n'espuisez ces sources d'eau, qui sont chez moy, que pour me brûler plus facilement ; & ie commence d'en croire quelque chose, depuis que i'ay pris garde, que plus mes yeux tirent d'humide de mon cœur, plus il brûle : Il faut bien dire que mon pere ne forma pas mon corps du mesme argille, dont celuy du premier homme fut composé, mais qu'il le tailla sans doute d'vne pierre de chaux, puis que l'humidité des larmes que ie répands, m'a tantost consommé ? Mais consommé, croiriez-vous bien, Madame, de quelle façon ; ie n'oserois plus marcher dans les ruës embrasé comme ie suis, que les enfans ne m'enuironnent de fusées, parce que ie leur semble vne figure eschapée d'vn feu d'artifice, ny à la campagne qu'on ne me prenne pour vn de ces Ardents qui traisnent à la riuiere. Enfin vous pouuez connoistre tout ce que cela veut dire ; c'est, Madame, que si vous ne reuenez & bien tost, vous entendrez dire à vostre retour, quand vous demanderez où ie demeure, que ie demeure aux Thuileries, & que mon nom, c'eſt la beſte à feu qu'on fait voir aux Badauts pour de l'argent. Alors, vous ferez bien honteuſe, d'auoir vn Amant Salemandre, & le regret de voir brûler dés ce monde,

MADAME,

Voſtre
feruiteur.

AVTRE

LETTRE VI.

Mademoiselle,

I'ay receu vos magnifiques braſſelets, qui m'ont ſemblé tous glorieux de porter vos chiffres ; ne craignez plus apres cela, qu'vn priſonnier arreſté par les bras & par le cœur, vous puiſſe eſchapper : Ie confeſſe, cependant que voſtre don m'eut eſté ſuſpect, à cauſe qu'il entre preſque touſiours, des cheueux & des caracteres dans la compoſition des char-mes : mais comme vous auez tant d'autres moyens plus nobles pour cauſer la mort, ie n'ay garde de vous ſoupçonner de ſortil-lege ; & puis i'aurois tort de me dérober aux ſecrets de voſtre magie, ne m'eſtant pas poſſible de me ſouſtraire mon Horoſcope, qui s'est accordée auec la vostre, de ma triste auanture. Adjoûtez à cette consideration qu'elle sera beaucoup plus recommandable, si elle arriue par des moyens surnaturels, & s'il faut vn miracle pour la causer. Ie m'imagine, Mademoiselle, que vous prenez cecy pour vne raillerie; Hé bien, parlons serieusement, dites-moy donc en conscience? N'est-ce pas acquerir vn cœur à bon marché, qui ne vous couste que cinq ou six coups de brosse. Par ma foy, si vous en trouuez d'autres à ce pris là, ie vous conseille de les prendre; car il peut reuenir plus facilement des cheueux à la teste, que des cœurs à la poictrine? Mais n'auriez-vous point choisi par malice, des cheueux à me faire present, pour m'expliquer en hyeroglife, l'insensibilité de vostre cœur? Non, ie vous tiens plus genereuse; mais quelque mal intentionnée que vous soyez, ie confonds tellement dans ma ioye toutes les choses qui me viennent de vostre part, que les mains qui m'outragent, ou qui me caressent, me sont esgalement souhaitables, pourueu qu'elles soient les vostres, & la Lettre que ie vous enuoye en est vne

preuue

preuue, puis qu'elle ne tend qu'à vous remercier, de m'auoir lié les bras, de m'auoir tiré par les cheueux ; & par toutes ces violences, m'auoir fait,

MADEMOISELLE,

Voſtre
feruiteur.

LETTRES

AVTRE.
LETTRE VII.

MADAME,

Ie ne me plains pas seulement du mal que vos beaux yeux ont eu la bonté de me faire; ie me plains encore d'vn plus cruel, que leur absence me fait souffrir. Vous laissastes en mon cœur, lors que ie pris congé de vous, vne insolente, qui sous pretexte qu'elle se dit vostre idée, se vante d'auoir sur moy puissance de vie & de mort; encore elle encherit tyraniquement sur vostre empire, & passe à cét excez d'inhumanité, de deschirer les playes que vous auiez fermées, & d'en creuser de nouuelles dans les vieilles qu'elle sçait ne pouuoir guerir. Mandez-moy, ie vous prie, quand cét Astre, qui semble n'auoir esclipsé que pour moy, reuiendra dissiper les nuages de mes inquietudes? N'est-ce pas assez donner d'exercice à cette constance, à qui vous promettiez le triomphe? Ne m'auiez-vous pas iuré, en partant pour vostre voyage, que toutes mes fautes estoient effacées, que vous les oubliez pour iamais, & que iamais vous ne m'oublierez: O! belles esperances, qui se sont éuanoüies auec l'air qui les a formées, à peine eustes-vous acheué ces paroles trompeuses, répandu quelques larmes perfides, & poussé des soûpirs artificieux, dont vostre bouche & vos yeux démentoient vostre cœur, que fortifiant en vostre ame vn reste de cruauté cachée, vous redoublastes vos caresses, afin d'éterniser en ma memoire le cruel souuenir de vos faueurs que i'auois perduës: Mais vous fistes encore dauātage, vous vous esloignastes des lieux, ou ma veuë auroit peut-estre esté capable de vous toucher de pitié; & vous vous absentastes de moy, pendant mon supplice, cōme le Roy s'esloigne de la place où l'on execute les criminels, de peur d'estre importuné de leur grace; Mais à quoy, Madame, tant de precautions, vous connoissez trop bien la puissance de vos coups, pour en apprehender la guerison. La medecine, qui parle de toutes les maladies, n'a rien escrit de celle qui

Oo ij

me tue, à cause qu'elle en parle, comme les pouuant traitter; mais celle qu'à produit en moy vostre amour, est vne maladie incurable; car le moyen de viure, quand on a donné son cœur, qui est la cause de la vie ? Rendez le moy donc, ou me donnez le vostre à la place du mien; autrement, dans la resolution où ie suis, de terminer par vne mort sanglante ma pitoyable destinée, vous allez attacher aux conquestes, que méditent vos yeux vn trop funeste augure, si la victime que ie vous dois immoler, se rencontre sans cœur. Ie vous conjure donc encore vne fois, puisque pour viure vous n'auez pas besoin de deux cœurs, de m'enuoyer le vostre, afin que vous sacrifiant vne Hostie entiere, elle vous rende & l'amour & la fortune propices, & m'empesche de faire vne mauuaise fin, quand mesme ie ferois tomber au bas de ma Lettre, mal à propos, que ie suis & seray, iusques dans l'autre monde,

MADAME,

Vostre fidelle esclaue,

AVTRE
LETTRE VIII.

Madame,

Vous vous plaignez d'auoir reconnu ma passion dés le premier moment que la fortune m'obligea de voſtre rencontre ; mais vous à qui voſtre miroir fait connoiſtre, quand il vous monſtre voſtre image, que le Soleil à toute ſa lumiere & toute ſon ardeur, dés l'inſtant qu'il paroiſt ? Quel motif auez-vous de vous plaindre, d'vne choſe à qui ny vous ny moy ne pouuons apporter d'obſtacle. Il eſt eſſentiel à la ſplendeur des rayons de voſtre beauté d'illuminer les corps, comme il eſt naturel au mien de refleſchir vers vous cette lumiere que vous jettez ſur moy, & de meſme qu'il est de la puissance du feu de vos brûlans regards, d'allumer vne matiere disposée; il est de celle de mon cœur d'en pouuoir estre consommé ? Ne vous plaignez donc pas, Madame, auec injustice de cét admirable enchaisnement, dont la nature à joint d'vne societé commune, les effects auec leurs causes. Cette connoissance impreueuë est vne suitte de l'ordre, qui compose l'harmonie de l'Vniuers; & c'estoit vne necessité preueuë au iour natal de la creation du monde, que ie vous visse, vous connusse, & vous aimasse; mais parce qu'il n'y a point de causes qui ne tendent à vne fin, le point auquel nous deuions vnir nos ames estant arriué, vous & moy tenterions en vain d'empescher nostre destinée. Mais admirez les mouuements de cette predestination, ce fut à la pesche où ie vous rencontré? Les filets que vous dépliates, en me regardant, ne vous annonçoient-ils pas ma prise; & quand i'eusse esuité vos filets, pouuois-ie me sauuer des hameçons pendus aux lignes de cette belle Lettre, que vous me fistes l'honneur de m'enuoyer quelques iours apres, dont chaque parole obligeante n'estoit com-

AMOVREVSES.

poſée de pluſieurs caracteres, qu'afin de me charmer: Auſſi ie l'ay receuë auec des reſpects dont ie ferois l'expreſſion, en diſant que ie l'adoré, ſi i'eſtois capable d'adorer quelqu'autre choſe que vous. Ie l'a baiſé au moins auec beaucoup de tendreſſe, & ie m'imaginois, en preſſant mes lévres ſur voſtre chere Lettre, baiſer voſtre bel eſprit, dont elle eſt l'ouurage: Mes yeux prenoient plaiſir de repaſſer pluſieurs fois ſur tous les caracteres que voſtre plume auoit marquez; Inſolents de leur fortune, ils attiroient chez eux toute mon ame, & par de longs regards, s'y attachoient pour ce joindre à ce beau crayon de la voſtre. Vous fuſſiez-vous imaginé, Madame, que d'vne feüille de papier, i'euſſe pû faire vn ſi grand feu; il n'eſteindra iamais pourtant, que le iour ne ſoit eſteint pour moy; Que ſi mon ame & mon amour ſe partagent en deux ſoûpirs, quand ie mourray, celuy de mon amour partira le dernier. Ie conjureray à la Gonie, le plus fidelle de mes amis, de me reciter cette aimable Lettre, & lors qu'en liſant, il ſera paruenu à la fin où vous vous abaiſſez, iuſqu'à vous dire ma seruante : Ie m'escrieray iusqu'à la mort, ha ! cela n'est pas possible, car moy-mesme i'ay tousiours esté.

MADAME,

Vostre tres-humble,
tres-fidelle & tres-
obeïssant esclaue,
DE BERGERAC.

FIN.

LE PEDANT

PRIVILEGE DV ROY.

LOVIS PAR LA GRACE DE DIEV, ROY DE FRANCE ET DE NAVARRE: A nos amez & feaux Conseillers, Les Gens tenans nos Cours de Parlements, Maistres des Requestes ordinaires de nostre Hostel, Baillifs, Seneschaux, Preuosts, leurs Lieutenans, & à tous autres nos Iusticiers & Officiers qu'il appartiendra; SALVT. Nostre cher bien amé le Sieur DE BERGERAC, Nous a fait remonstrer qu'il a composé vn Liure intitulé, *Les Ouures Diuerses*, qu'il desireroit faire imprimer, s'il auoit nos Lettres à ce nécessaires, lesquelles il nous a supplié de luy vouloir accorder : A CES CAVSES, voulans gratifier l'Exposant, Nous luy auons permis & permettons par ces presentes, de faire imprimer, vendre & debiter en tous les lieux de nostre obeïssance, par tel Imprimeur ou Libraire qu'il voudra choisir *Lesdites Oeuures*, conjointement ou separément, en vn ou plusieurs Volumes, en telles marges, en tels caracteres, & autant de fois que bon luy semblera, durant l'espace de neuf ans, à compter du iour que *Lesdites Oeuures* auront esté acheuées

Pp

d'imprimer pour la premiere fois, pendant lequel temps Nous faisons deffences à tous Imprimeurs, Libraires & autres, d'imprimer, vendre ny distribuer lesdits Liures, sans le consentement de l'Exposant, ou de ceux qui auront droict de luy en vertu des presentes, sur peine aux Contreuenants de trois mil liures d'amande, appliquable vn tiers à Nous, vn tiers à l'Hostel-Dieu de nostredite ville de Paris, & l'autre tiers audit Exposant, confiscation des Exemplaires contrefaits, & de tous despens, dommages & interests, à condition qu'il sera mis deux Exemplaires de chacun desdits Liures en nostre Bibliothecque publique, & vn en celle de nostre tres-cher & feal le Sieur Molé Cheualier, Garde des Sceaux de France, auant que de les exposer en vente; & à la charge aussi que ces presentes seront registrées aux Registres de la Communauté des Libraires de nostre bonne Ville de Paris, suiuant l'Arrest de nostre Cour de Parlement du huictiesme Avril 1653. à peine de nullité. SI VOVS MANDONS, que du contenu en cesdites presentes vous fassiez joüyr & vser pleinement & paisiblement ledit Exposant, ou ceux qui auront droict de luy, faisant cesser tous troubles & empeschemens au contraire. VOVLONS aussi qu'en mettant au commencement ou à la fin dudit Liure vn Extraict des Presentes, elles soient tenuës pour deuëment signifiées, & que foy soit adjoustée comme au presént Original, aux coppies deuëment collationnées par l'vn de nos amez & feaux Conseillers & Secretaires. MANDONS en outre au premier nostre Huissier ou Sergent sur ce requis, de faire pour l'execution des presentes tous Exploicts necessaires sans demander autre permission, nonobstant Clameur de Haro, Chartre Normande, prise à partie, & autres Lettres à ce contraires. CAR tel est nostre plaisir. DONNE à Paris le trentiesme iour de Decembre, l'An de Grace mil six cens cinquante-trois: Et de nostre Regne le vnziesme. Par le Roy en son Conseil, GALLONYE; Et scellé du grand Sceau de cire jaune.

Registré sur le Liure de la Communauté le huictiesme Ianuier 1654. suiuant l'Arrest du Parlement du huictiesme Auril 1653. BALLARD, Sindic.

Ledit Sieur DE CYRANO BERGERAC a cedé & transporté son Priuilege à CHARLES DE SERCY, Marchand Libraire à Paris, pour en jouyr durant le temps porté par iceluy, suiuant l'accord fait entr'eux.

Les Exemplaires ont esté fournies.

Acheué d'imprimer pour la premiere fois le douziesme May 1654.

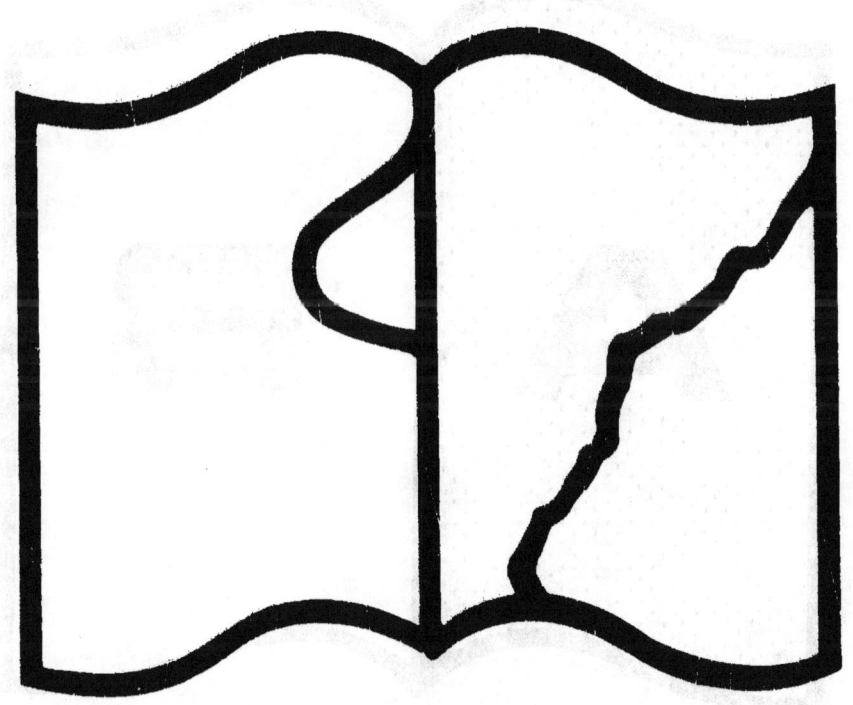

Texte détérioré — reliure défectueuse
NF Z 43-120-11

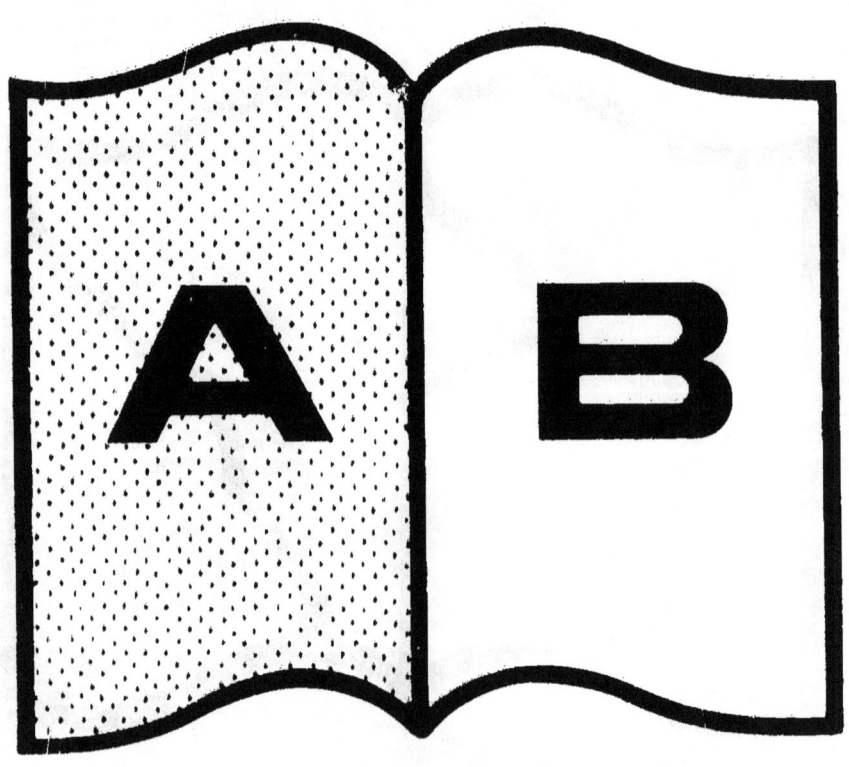

Contraste insuffisant

NF Z 43-120-14

www.ingramcontent.com/pod-product-compliance
Lightning Source LLC
Chambersburg PA
CBHW071527160426
43196CB00010B/1681